L'Oracle de LA VOIX DES ÂMES

De la même auteure, chez le même éditeur :

Le Guide du Lightworker, 2020.
Lumières du jour, agenda.
Les Horoscopes magnétiques d'Isa – Les Atlandes, 2020.
Les Horoscopes magnétiques d'Isa – Les Bâtisseurs, 2020.
Les Horoscopes magnétiques d'Isa – Les Monarques, 2020.
Les Horoscopes magnétiques d'Isa – Les Phœnix, 2020.
La Puissance de la Lune, cartes oracle, 2020.
Libération énergétique, cartes oracle, 2019.
Vies antérieures, cartes oracle, 2019.
Le Chakra du cœur, cartes oracle, 2019.
Mission de vie, cartes oracle, 2019.

ISBN : 978-2-36188-398-0

www.editions-tredaniel.com
info@guytredaniel.fr
www.facebook.com/editions.tredaniel
@editions_exergue

Découvrez nos formations et nos cours sur :
www.exergue-formation.thinkific.com

Isabelle CERF
Illustrations de Daphna Sebbane

L'Oracle de LA VOIX DES ÂMES

Cinquième édition

Collection
les ORACLES d'ISA

ÉDITIONS
EXERGUE
27, rue des Grands-Augustins
75006 Paris

À Laure,
à Victoire
et Ménaël.

Coucou l'ami,

Quand on parle de médiumnité, on peut parler de « don ».

On peut aussi croire que c'est quelque chose de dangereux, d'effrayant ou quelque chose qui n'existe pas.

Je ne suis personne pour dire si c'est vrai ou faux mais cela n'entre pas en résonance avec mon cadre de référence.

La médiumnité est la capacité à entrer en contact avec les âmes de l'autre côté et/ou avec tes guides.

C'est une connexion naturelle avec ton chakra du 3ᵉ œil et coronal.

La puissance de ta médiumnité dépend de tes vies antérieures, de ton ouverture d'esprit et de l'équilibre de tes chakras.

Pour développer ta médiumnité, tu es invité·e à faire confiance à tes ressentis.

Si tu as peur ou si tu es motivé·e par des énergies de contrôle ou d'ego spirituel, te connecter à cette capacité sera compliqué.

La médiumnité n'est pas le refus d'un deuil.

Elle n'est pas là pour rassurer, pour fuir ou pour contrôler une situation ou une perte qui nous est insupportable.

Le deuil passe par différentes étapes et il s'effectue selon le rythme de chacun·e.

Ce n'est pas une course ni une compétition.

Si tu es actuellement dans un processus de deuil, je t'envoie beaucoup d'amour et de réconfort et je t'invite à vivre cette période avec amour et bienveillance.

Une autre croyance limitante est que l'on subit sa médiumnité et que cela donne des expériences effrayantes.

Il n'en est rien.

Nous sommes tou·te·s médiums à différentes échelles et c'est un choix inconscient ou non que de la subir.

Chacun·e a ses raisons propres mais si tu ressens que c'est le cas pour toi, alors je t'invite à réfléchir à cette dimension de bénéfice secondaire, c'est-à-dire que cela rassure une partie de toi-même d'être dans la soumission de ta médiumnité.

Chaque médiumnité est différente.

Il y a différents canaux et différentes méthodes pour s'y connecter.

Je ne crois pas aux règles et aux rituels qui fonctionnent pour tou·te·s puisque nous avons tou·te·s notre propre résonance.

Cependant, je me permets de te donner quelques conseils pour explorer ta médiumnité.

1. Ancre-toi. Pour pouvoir te connecter à ta médiumnité, je te conseille de t'ancrer, pour avoir une vraie connexion à la Terre et pour vivre cette expérience d'une façon positive.

Tu peux le faire avec une méditation en pleine conscience, avec une méthode guidée (QR code présent ci-dessous), en marchant, en faisant une activité manuelle, en travaillant avec une pierre d'ancrage, etc.

Trouve la méthode qui te convient le mieux.

Méditation d'ancrage

2. Sois dans un endroit intérieur et extérieur sain et serein.

La pièce où tu découvres ta médiumnité est très importante.

Sois sûr·e que la pièce ait un haut taux vibratoire.

Tu peux le vérifier avec un pendule ou en faisant confiance à tes ressentis quand tu es dans la pièce.

Ne pratique pas ta médiumnité si tu es triste et en colère.

Tu peux ne pas avoir de résultats ou être déçu·e de ceux obtenus.

Ne sois pas non plus dans une énergie de contrôle ou d'attente.

Pour pratiquer ta médiumnité, sois dans une énergie de lâcher-prise et de bien-être.

Sois juste dans l'instant présent, sans attentes, juste dans l'instant présent et dans la réception des messages.

3. La médiumnité est une rencontre.

C'est une rencontre entre deux âmes.

L'intensité d'une expérience ne fera pas forcément l'autre.

Sois conscient·e que c'est un instant unique d'une intensité, d'une durée et d'une connexion particulières à chaque fois.

4. Sois à l'écoute de tous tes ressentis.
Ta médiumnité peut s'exprimer par des flashs, des émotions, des ressentis physiques, des mots que tu vas entendre, des scènes ou des visages que tu vas voir.

5. Persévère. Plus tu vas développer ta médiumnité, plus tu seras à l'écoute de tes capacités spirituelles.

Prends le temps de découvrir et de vivre ces expériences.

Je te souhaite une très belle expérience spirituelle.
Je te souhaite de très belles rencontres.
Je t'embrasse.

Isa

SOMMAIRE

Les cartes spéciales

PRISE EN MAIN DE TON ORACLE

Cet oracle est un outil pour développer tes propres capacités.

Mon but est que tu puisses créer ta propre méthode de tirage et, surtout, que chaque carte soit le support de tes ressentis.

Tu vas te rendre compte qu'au fur et à mesure de son utilisation, tu vas te libérer du livre pour te connecter à ta propre médiumnité.

Cet oracle est là pour que tu puisses rencontrer trois âmes différentes :

1. TON ÂME

Dans notre quotidien, on peut être tellement sollicité·e que l'on n'est plus à l'écoute de soi.

Nous ne sommes plus à l'écoute de notre âme.

Nous pouvons avoir l'impression de nous déconnecter de nous et nous pouvons faire ou vivre des choses qui n'ont plus de sens.

Nous ne sommes plus à l'écoute de notre âme.

Avec cet oracle, tu as le soutien pour te connecter avec toi-même.

2. TES GUIDES

Tes guides sont là pour t'épauler, te soutenir et pour te protéger.

Ils ne sont pas là pour être tes serviteurs et ils ne sont pas là pour t'apporter tout ce dont tu as envie, car tu as ton libre arbitre et, par moments, tes envies peuvent être différentes de tes besoins.

Tu peux avoir l'impression de ne pas voir ou de ne pas comprendre leurs signes.

Avec cet oracle, tu as le soutien pour te connecter avec tes guides.

3. LES ÂMES

Ta médiumnité t'aide à te connecter avec les âmes de l'autre côté. On les appelle aussi « les entités ».

Elles peuvent être directement attachées à toi, que ce soit en lien avec cette vie-là ou une vie précédente.

Elles peuvent être attachées à un lieu, un objet ou une autre personne.

Elles peuvent être complètement étrangères.

Ces âmes ont parfois besoin de transmettre un message.

Ou tu peux aussi avoir une information à demander ou à transmettre.

Avec cet oracle, tu as le soutien pour te connecter avec ces âmes.

MÉTHODES DE TIRAGES

Avant d'utiliser cet oracle, je t'invite à t'installer dans un endroit serein et calme.

Tu peux méditer avant son utilisation.

Détermine avec qui tu souhaites communiquer : toi-même, tes guides ou une entité.

Sois déjà à l'écoute de tes ressentis.

Si tu ressens une énergie, une émotion ou une pensée négative, prends le temps de comprendre pourquoi, travaille sur tes énergies et reprends ton tirage quand tu seras dans une énergie totalement positive.

Ensuite, ferme les yeux et bats les cartes.

Coupe le paquet en deux et regarde les deux cartes de la coupe.

Laisse venir à toi les deux messages qui représentent l'énergie du tirage.

C'est l'ambiance générale et le message général du tirage.

Puis, remets les cartes ensemble.

Étale-les devant toi et prends-en 3.

Si tu ressens que tu as besoin d'une seule carte ou de plus, fais confiance à tes ressentis.

Tu peux recouper les cartes, c'est-à-dire remettre une carte sur une déjà tirée pour préciser le message que tu reçois.

Au-delà des messages des cartes, sois à l'écoute de tes ressentis.

Note-les.

Tu peux effectuer un tirage à 3 cartes qui vont concerner une même âme.

Ou encore interpréter les 3 cartes avec la première carte comme le message de ton âme, la deuxième carte comme le message de tes guides et la troisième carte comme le message de l'entité.

Si tu as l'impression que les messages n'ont pas de sens ou que tu ne ressens rien, prends le temps de comprendre pourquoi.

Sois à l'écoute de tes énergies.

Prends soin de toi et remets à plus tard ton tirage.

LES CARTES SPÉCIALES

Dans cet oracle, il y a 10 cartes spéciales.

Ces cartes sont là pour que tu puisses complètement te libérer de l'interprétation du livre et pour que tu puisses avoir confiance en tes capacités médiumniques.

Chaque carte a une énergie spéciale.

Tu peux les retirer du paquet lors de tes premiers tirages, les laisser et te connecter avec elles ou les prendre et ne travailler ta médiumnité qu'avec elles.

Chaque carte spéciale est accompagnée d'une méditation guidée (QR code) pour t'aider à te connecter à tes capacités médiumniques.

Quand tu as une carte spéciale, prends une grande inspiration et regarde l'illustration.

Laisse venir à toi tous tes ressentis.

Regarde la carte aussi longtemps que tu en as besoin et note tous tes ressentis.

MESSAGES DES CARTES

TON ÂME :

Tu peux avoir tout ce dont tu as besoin mais, pour cela, s'il te plaît, écoute-moi.

Une partie de tes énergies circule trop vite et tu peux alors croire que nous ne sommes pas connecté·e·s.

Tu peux avancer trop rapidement et tu ne prends pas le temps d'intégrer tous les signes et toutes les synchronicités.

Pourtant rien n'arrive par hasard et chaque événement, chaque rencontre a quelque chose à t'enseigner.

Mais tu ne prends pas le temps de les vivre et de les comprendre.

Alors tu peux avoir l'impression de stagner ou d'être dans une énergie de retard.

Pourtant l'abondance est là et très accessible.

Pour cela, et pour te connecter avec moi, prends le temps de respirer pour libérer ton chakra du plexus solaire.

Prends le temps de méditer et de respirer d'une façon profonde.

Tu vas te rendre compte alors que tu peux avancer avec un plus grand calme intérieur et une plus grande sérénité et tu vas regarder tout ce qui se passe autour de toi d'une nouvelle façon.

Tu vas pouvoir t'ancrer grâce à ta respiration et tu vas pouvoir te libérer de cette énergie de stagnation.

Tout va prendre un nouveau sens.

TES GUIDES :

Tu es invité·e à avancer par étapes.

Il y en a certaines que tu souhaites éviter, pensant que tu n'en as pas besoin.

Ces étapes sont pourtant très importantes pour que tu puisses créer de nouvelles bases stables et durables dans le temps.

Il y a des choses que tu ne sais pas encore et c'est en vivant pleinement ces étapes que tu vas être dans une nouvelle énergie de découverte de toi, des autres et du sens des événements qui t'entourent.

Alors, détermine tes priorités, le temps que tu souhaites leur consacrer et les objectifs concrets que tu souhaites atteindre.

Cette logique peut t'effrayer mais elle est nécessaire pour que tu puisses être dans une énergie d'ancrage.

Tu vas continuer à être naturel·le et spontané·e mais tu vas pouvoir canaliser tes énergies pour te concentrer sur toi et sur tes attentes.

Avance d'un pas assuré en respectant le chemin que tu as décidé de prendre.

C'est très important pour que tu puisses être dans une énergie d'abondance.

L'ENTITÉ :

J'ai longtemps cherché l'abondance mais je me rends compte que je ne cherchais pas au bon endroit.

Je n'avais pas forcément compris cette notion.

Je pensais que l'abondance n'était que matérielle alors qu'elle est beaucoup plus que cela.

Alors je me rends compte que j'avais pu m'enfermer dans une carapace énergétique et que je n'étais pas à l'écoute de mes besoins.

Le matériel contribue au bonheur mais il ne le crée pas.

D'ailleurs, il n'y a que toi qui te rends heureux·se.

Le matériel apporte une stabilité pour être à l'écoute de soi.

Ne sois pas dans la peur du manque. Quand tu es connecté·e avec toi-même, l'abondance est déjà là.

Prends conscience que l'abondance matérielle est le reflet de tout ce que tu apportes à l'intérieur de toi.

Je suis là pour t'aider à être dans une énergie d'abondance.

Sois à l'écoute des signes concernant les questions matérielles et financières, je te guide vers cet épanouissement, pour que tu puisses avoir tout ce dont tu as besoin, pour que tu puisses découvrir de nouvelles choses en toi.

Et il y a beaucoup de merveilles que tu es encore invité·e à découvrir.

TON ÂME :

Tu as l'impression de ne pas être capable de faire les choses correctement.

Tu as l'impression d'être seul·e en ce moment.

Tout te paraît compliqué et tu as l'impression qu'il n'y a que toi qui puisses gérer les autres.

Tu as l'impression que les autres t'abandonnent les uns après les autres et tu es là, seul·e, face à toutes ces obligations.

Tu n'es pas seul·e, car je suis là.

Je suis et je serai toujours à tes côtés.

Mais pour cela je t'invite à prendre du temps pour te connecter à moi.

Tu peux par moments avoir une sensation de blocage.

Comme si quelque chose se bloquait à l'intérieur de toi-même.

C'est moi qui t'invite à faire une pause pour que tu puisses écouter mes sages conseils.

Pour l'instant, je t'invite à avoir quelques minutes de silence dans ta journée.

Quelques minutes de repos.

Cela va t'aider à m'entendre.

Sache que tu as toutes les capacités pour relever les défis actuels.

Ils ne sont pas insurmontables.

Je suis avec toi et, ensemble, nous allons avancer d'une façon positive.

TES GUIDES :

En ce moment, nous t'envoyons beaucoup de signes pour que tu puisses prendre conscience que tu es capable d'avancer seul·e.

Tu as l'impression que tu ne peux pas réaliser des choses importantes par toi-même.

Et, pourtant, tu as de très grandes capacités d'adaptation et tu sais faire preuve d'une très grande persévérance.

En ce moment, nous t'envoyons beaucoup de signes en lien avec le chiffre 18.

Nous t'invitons à te souvenir de ce qu'il s'est passé à tes 18 ans et ce qu'il s'est passé il y a 18 mois.

À ces moments-là, des expériences fortes ont été vécues et t'ont permis de créer en toi de très grandes capacités de résilience.

Tu es capable de très grandes choses mais, pour cela, tu es actuellement invité·e à te souvenir de tout ce que tu as déjà fait.

Tu as l'impression que nous ne sommes pas là mais nous sommes bien présents.

Tu es invité·e pendant quelques mois à agir par toi-même et à prendre conscience de ta force intérieure.

Nous sommes là mais nous n'agissons pas, car c'est à toi de construire ton propre chemin et de créer ta propre évolution positive.

C'est le but de ton incarnation.

L'ENTITÉ :

Je sais que tu me demandes de l'aide.

Je sais que quand tu penses à moi, tout de suite, ta gorge se serre.

Je sais que tu as l'impression que je pourrais davantage t'aider.

Mais ce n'est pas mon rôle.

Avant j'avais beaucoup de difficultés à recevoir l'aide des autres.

Je pensais que cela n'était pas juste pour moi et j'avais peur aussi d'avoir des reproches par la suite.

Alors j'ai fait beaucoup de choses seul·e.

Cela m'a fait vivre des situations assez pénibles.

Mais cela a été très instructif pour mon âme.

Actuellement, je suis auprès de toi mais mon rôle n'est pas de t'apporter une aide directe.

Je suis là pour t'apporter de la joie pour que tu puisses éveiller ton enfant intérieur.

Alors je mets sur ton chemin des choses qui puissent te faire sourire et qui puissent t'apporter une certaine forme de légèreté.

Je suis là pour que tu puisses souffler et pour que tu puisses être juste là, dans l'instant présent.

TON ÂME :

Aujourd'hui, je n'ai qu'un seul message pour toi mais qui est très important : « Aime-toi ».

Ne cherche pas l'amour chez les autres, ne cherche pas un miroir pour te regarder.

Tu crées une certaine forme de dépendance affective et tu fuis ton propre amour.

Prends conscience que c'est en t'aimant que tu peux créer des relations et des situations saines dans ta vie extérieure.

Ton âme est merveilleuse mais en étant incarné·e. Tu es imparfait·e.

Comme toutes les personnes qui t'entourent.

Tu as eu des expériences que tu considères comme des erreurs.

Comme tout le monde.

Tu as été maladroit·e.

Comme tout le monde.

Tu as eu l'impression de prendre un mauvais chemin.

Comme tout le monde.

Alors, aime-toi, dans cette totale imperfection et maladresse.

Ton âme est parfaite et, en vivant cette imperfection, tu te connectes à l'énergie de sagesse.

TES GUIDES :

C'est l'énergie d'amour qui t'ouvre la porte à un renouveau dans un délai de trois mois.

Tu as été longtemps dans des répétitions de schémas.

Tu as été longtemps dans une forme de lassitude émotionnelle qui te guidait et qui te projetait une mauvaise image de toi.

Tu as libéré beaucoup d'anciennes croyances et d'anciennes pensées.

Il manque aujourd'hui cet amour véritable pour toi.

Il manque juste ce regard bienveillant que tu sais poser sur les autres mais pas sur toi.

Alors, regarde-toi avec amour et intérêt.

Respecte tes convictions et tes valeurs.

Accepte ta partie sombre sans chercher à la combattre.

Dans les trois mois, une vague d'amour arrivera dans ta vie extérieure.

Elle n'est que l'écho de l'amour que tu construis pour toi.

Aime, aime-toi, aime la vie, aime ton passé, aime tes expériences, aime les évidences, aime les synchronicités.

L'ENTITÉ :

Retiens cela de moi : « Je t'aime. »

Pour toujours et à jamais, je t'aime.

Mon amour pour toi a toujours été très fort même si je n'ai pas forcément réussi à l'exprimer.

Je sais que tu as attendu davantage de preuves d'amour.

Je sais que j'aurais pu faire plus, te le dire plus, te le faire ressentir davantage.

Cet amour est intact aujourd'hui.

Je n'attends pas de retour.

Je suis dans une énergie d'amour inconditionnel.

Je souhaite que tu le ressentes pour créer une nouvelle relation avec toi-même.

Pour que tu puisses avancer avec bienveillance et douceur.

Tu peux ressentir ma présence le soir quand tu te couches, dans ta voiture, quand tu es assis·e sur un banc.

Je suis à tes côtés.

Souviens-toi de la rose.

La rose est l'un des signes que j'utilise pour me manifester.

La rose est mon soutien, ma présence et ton guide pour te connecter à ta beauté d'âme.

Souviens-toi de cette énergie d'amour qui est ton essence.

APPRENTISSAGE

TON ÂME :

Tu es en train d'apprendre beaucoup de choses et cela peut être en lien avec des expériences pas forcément positives sur l'instant.

Tu es dans une énergie d'apprentissages intenses et d'une très grande évolution positive.

Tu as besoin d'apprendre de nouvelles choses.

C'est quelque chose qui est très puissant en toi.

Tu as aussi de nombreuses capacités et compétences qui sont en sommeil en toi.

Je sais que tu doutes actuellement.

Tu peux te demander si tu prends le bon chemin à apprendre de nouvelles choses ou à faire des changements importants en lien avec des capacités nouvelles que tu as mises en avant.

Si tu fais le choix par et pour toi, alors cela sera toujours un bon choix, car c'est le tien.

Ose et surtout fais-toi confiance.

Actuellement, je t'envoie de très nombreux signes pour que tu puisses faire confiance à tout ce que tu ressens au plus profond de toi au lieu d'écouter le cadre de référence des autres.

Tu es en train de prendre un chemin unique qui va être fabuleux et porteur de beaucoup de nouveautés.

Cela va être plus que magnifique.

TES GUIDES :

Il y a quatre ans, tu as vécu quelque chose de très important.

C'est quelque chose que tu as pu mettre en attente ou en sommeil dans tes énergies.

Aujourd'hui, on t'envoie de très nombreux signes pour que tu puisses t'y connecter, car il y a un apprentissage très important en lien avec cette expérience du passé.

On t'envoie de très nombreux signes lors de tes rêves.

On te conseille de les noter et si tu ne t'en souviens pas, alors prends le temps de méditer quelques instants avant de te coucher et pose l'intention de te souvenir de tes rêves.

Tu peux avoir l'impression d'être dans une répétition de schémas mais ce n'est pas du tout ce qui est en chemin pour toi.

Tu es dans une énergie de nouveautés et de changements importants.

Les quatre mois qui arrivent vont être riches en événements et cela va te demander de faire confiance à l'inconnu.

Fais confiance aux synchronicités.

Tout va très bien se passer.

L'ENTITÉ :

Ma vie passée m'a appris beaucoup de choses.

Je pouvais très souvent parler de façon négative et je pouvais dire que j'avais l'impression que la vie était une vraie galère.

Je me vois encore râler ou avoir l'impression que tout était contre moi.

Aujourd'hui, j'ai compris que ces expériences étaient là pour m'apprendre des choses importantes.

Et j'ai aussi compris que mon âme l'avait choisi.

Alors, sur l'instant, les choses pouvaient être difficiles à vivre.

Mais, aujourd'hui, je suis vraiment dans une évolution positive.

Dans ma vie passée, je ressentais toujours cette fatigue et j'avais l'impression qu'elle m'empêchait de réaliser des choses importantes.

Aujourd'hui, je me rends compte que c'était une dualité intérieure et un refus de ma part de faire confiance à la vie.

Je ne regrette rien. Tout ce que j'ai vécu était des choix mais, une chose est sûre, je ferai d'une façon différente lors de ma prochaine vie.

Sois toi-même dans cette énergie d'apprentissage.

Je vais me manifester à toi sous la forme du chiffre 13.

Cela sera un signe de ma présence et je t'accompagne dans ce nouvel émerveillement qui est en train de se créer pour toi.

Aie confiance dans tout ce que tu es capable de faire.

Tu es un être extraordinaire.

TON ÂME :

Une part de toi-même peut être très impatiente.

Tu peux avoir envie que tout se déroule ici et maintenant et tu peux avoir des difficultés à attendre.

Tu peux avoir l'impression de passer à côté de choses importantes.

Il y a comme une course contre le temps.

En ce moment, je t'invite beaucoup à accepter le rythme des synchronicités extérieures.

Et cela peut se faire par des événements imprévus.

Le matin, je t'envoie aussi des signes pour que tu puisses canaliser tes énergies, car elles circulent trop rapidement.

Tout est trop rapide.

Alors pour te connecter à moi, prends le temps, chaque matin, de prendre de grandes inspirations et de grandes expirations.

Cela va te permettre d'écouter mes messages et mes conseils.

Et là, je t'invite vraiment à faire preuve de patience.

Très bientôt, tout va prendre un sens.

TES GUIDES :

Nous sommes très nombreux autour de toi et tu ressens notre présence.

Nous sommes là pour te guider et te protéger dans cette phase qui est très intense pour toi.

Tu es dans une énergie où beaucoup de choses changent que ce soit dans ta vie intérieure comme extérieure.

Tu peux avoir l'impression de prendre de nombreux risques et tu peux avoir l'impression d'avoir beaucoup trop de choses à faire en peu de temps.

Cela te donne une charge mentale qui peut être assez forte.

Aujourd'hui, nous t'envoyons de très nombreux signes sous forme d'heures miroirs.

Le but est que tu puisses créer une nouvelle relation avec le temps.

Le but est que tu puisses canaliser tes énergies pour être dans une nouvelle organisation et pour que tu puisses aussi avoir des moments rien qu'à toi.

Tu peux avoir l'impression que tu dois courir de plus en plus vite.

Même si le rythme extérieur s'intensifie, tu peux avancer avec confiance sans être dans une dispersion d'énergies.

Alors prends conscience de la symbolique des heures miroirs.

Cela va te permettre de sentir notre présence et cela va te permettre d'avancer avec plus de confiance et de sérénité.

L'ENTITÉ :

Le moment n'est pas venu pour que nous puissions communiquer.

C'est trop tôt, aussi bien pour toi que pour moi.

Cela ne veut pas dire que je ne suis pas là.

Je suis bien présent·e.

Mais ce n'est pas le moment.

Je suis en train de me libérer d'anciens poids émotionnels et je t'invite à faire la même chose.

Il y a beaucoup de poids que tu portes qui ne t'appartient pas et cela t'empêche de te connecter complètement à ton chakra du cœur.

Cela peut te donner une image négative de toi, des autres et de tout ce qui t'entoure.

Alors, prends le temps de comprendre la source de ce poids intérieur.

Prends conscience que même si nous ne communiquons pas, je suis quand même auprès de toi.

Prends conscience que ce moment de partage arrive très bientôt.

Et tu vas ressentir ma présence par un signe très concret.

Le doute ne sera pas permis.

Mais, pour l'instant, c'est toi qui es important·e.

Libère-toi et prends soin de toi.

Le reste sera ensuite lumineux et limpide.

BONHEUR

TON ÂME :

Le bonheur est à ta portée et il se crée dans un premier temps à l'intérieur de toi.

Même si l'environnement extérieur peut te paraître compliqué, rassure-toi, le bonheur est là.

Je le ressens déjà et je t'envoie beaucoup d'amour pour que tu puisses le voir et pour que tu puisses ensuite le transposer dans ta vie extérieure.

Tu as travaillé sur toi, tu as pris conscience de nombreuses choses pour créer ce bonheur intérieur.

Si ce n'est pas encore le cas alors sache que tu vas le partager avec des personnes de cœur très bientôt.

Tu es une personne merveilleuse et je suis fier·ère de toi, car tu oses te le dire.

Par moments, tu te le dis timidement mais tu arrives à l'exprimer.

Avant, tu t'en sentais incapable.

Alors, continue de construire ton propre bonheur, tu es sur le chemin bénéfique pour toi.

TES GUIDES :

Tout arrive dès maintenant, tu es déjà dans une énergie d'avancée.

Si tu ne les vois pas alors sache que les synchronicités arrivent très rapidement.

Nous t'envoyons des signes sous forme d'événements extérieurs.

Laisse-toi guider.

Continue à nourrir ce que tu as de plus beau en toi et ne cherche pas à contrôler les choses.

Tu as juste à vivre l'instant présent et à être spontané·e.

Très bientôt, ton bonheur intérieur va se transposer dans ta vie extérieure.

Tu vas créer tout ce qui est important pour toi.

Tes envies sont en lien avec tes besoins et tu es connecté·e avec toi-même.

Tout est là et tout se met en place.

Tout est beau et tout est là.

Tu peux dès maintenant accueillir le fruit de tes efforts et réaliser tous tes projets.

L'ENTITÉ :

Maintenant je suis heureux·se et, même si les choses n'ont pas été simples pour moi, j'ai été heureux·se.

J'avais toujours cette flamme d'enfant qui me permet de vivre les choses d'une façon intense.

Alors, oui, j'ai pu faire preuve de maladresses mais j'ai toujours réussi à trouver des moments de bonheur même lorsque la pluie était intense.

Je te guide vers ce bonheur.

Je t'envoie des signes pour que tu puisses créer le tien et pour que tu puisses te rendre compte qu'il est accessible.

Tu as tout en toi et tu peux être fier·ère de toi.

Tu as réussi à réaliser beaucoup de choses que, moi-même, je n'ai pas pu faire.

Alors, continue sur cette voie, continue à rayonner comme tu es en train de le faire.

Tu n'as pas forcément besoin de me contacter directement.

Quand tu es heureux·se alors nous sommes sur la même vibration.

Je suis avec toi et je suis heureux·se avec et pour toi.

Tu es en train de créer un chemin merveilleux, et de très belles surprises sont en chemin.

Continue cette belle traversée.

J'ai pu moi-même voguer sur des galères mais, pour toi, la mer est paisible.

Alors, vraiment profite pour moi.

TON ÂME :

Tu peux ressentir comme une forme de bouleversement intérieur.

Tu ressens que quelque chose de très important arrive.

Tu as peur de te tromper ou tu as peur d'y croire.

Et pourtant, tes ressentis sont justes.

Tu es vraiment connecté·e avec tes capacités spirituelles, intuitives et médiumniques.

Tout ce que tu ressens est juste et il y a beaucoup de choses que tu attends depuis très longtemps qui arrivent pour toi.

Cela va t'apporter une très grande joie.

Cela va t'apporter beaucoup d'amour et beaucoup de bonheur.

Tu vas être comblé·e et tous tes besoins le seront tout autant.

Tu vas être dans une énergie de douceur et de bienveillance.

Tu as longtemps pleuré, je le sais, je t'ai consolé·e.

Tu pensais être seul·e mais j'étais là avec toi pour te tendre la main.

Ces larmes t'ont libéré·e et, aujourd'hui, un très beau sourire est en train de se dessiner sur ton si joli visage.

TES GUIDES :

Tu as déjà ouvert un nouveau chapitre de vie.

Le renouveau est là.

Il est déjà présent dans tes énergies et tu le ressens.

On le sait et on continue de t'envoyer des signes pour te confirmer que tes ressentis sont justes.

C'est une année qui est très importante pour toi.

Cette année est une année riche de transparence, de changements et d'honnêteté.

Tu oses dire ce que tu souhaites et ce que tu veux.

Tu oses te montrer tel·le que tu es.

Tu oses relever la tête et tu oses croire en ta victoire intérieure.

Cela apporte un nouveau quotidien.

Cela apporte une énergie merveilleuse d'inédit.

Cela apporte de nouvelles relations avec les autres.

Des documents importants vont être signés et cela va te permettre de concrétiser ce renouveau que tu attends depuis longtemps.

Tout est là.

Tout va bien.

L'ENTITÉ :

Je te parle mais tu ne m'entends pas.

Tu as besoin de calme.

Tu as besoin de moments de silence.

Tu as besoin de moments d'harmonie intérieure.

Ce n'est pas à travers les autres que tu vas avoir les réponses que tu attends.

Ce n'est pas à travers les autres que tu vas ressentir ma présence.

C'est en étant en contact avec toi.

Alors, prends quelques moments pour créer un vrai calme intérieur et extérieur.

Ce calme, je ne l'ai pas forcément connu lors de mon incarnation.

Il y avait beaucoup trop de bruits à l'extérieur de moi.

Je n'avais pas l'habitude de m'écouter et cela m'aurait aidé·e à comprendre que toutes les réponses sont en moi.

Je laissais beaucoup trop les paroles des autres prendre le pouvoir sur les miennes et sur mes pensées.

Écoute-toi.

Sois dans le silence pour entendre ma voix et la tienne.

C'est en prenant quelques instants dans cet endroit caché de tous, dans ton repaire, dans ton refuge que tu vas pouvoir avoir les réponses et les signes que tu attends de moi.

Je suis là.

J'attends juste que tu crées la place intérieure pour que je puisse te parler.

TON ÂME :

En ce moment, tu n'es pas du tout connecté·e avec moi.

Tu peux t'en rendre compte, car tu as l'impression d'être spectateur·rice de ta vie.

Tu as l'impression de ne pas te reconnaître dans tes pensées, tes actions et tes réactions.

Il y a une partie de toi qui n'est pas du tout ancrée et qui n'est pas du tout centrée.

Tu n'es pas toi-même.

Alors, ce n'est pas négatif, car c'est une expérience et cela va te permettre d'être dans un nouvel enseignement.

Mais cela peut donner des événements imprévus et des blocages dans ton relationnel avec les autres.

Prends une pause.

Prends le temps de méditer pour comprendre la source de cette déconnexion.

Que s'est-il passé ?

Quelle en est la source ?

En le découvrant, cela va te permettre de comprendre beaucoup de choses et cela va te permettre de te retrouver.

Il n'y a pas de méthode précise pour que nous puissions nous retrouver.

C'est à toi de revenir vers moi.

En faisant une pause, c'est un point de départ pour que nous puissions nous unir de nouveau.

TES GUIDES :

Tout se passe maintenant.

Tout se déroule ici et maintenant.

Le temps d'attente est terminé.

Et nous t'envoyons de très nombreux signes pour que tu ne remettes pas les choses à plus tard.

Ne te dis pas que ton bonheur sera là demain.

Ne te dis pas que tu vas agir dans les prochains jours.

Ne te dis pas que ton bien-être dépend de circonstances extérieures.

Tu es dans une énergie où tu es invité·e à agir dès maintenant.

Et tu peux le faire.

Nous t'avons déjà envoyé de nombreux signes mais, là, c'est à toi d'agir.

Et à nous demander des conseils, tu remets tes actions à plus tard.

Alors, respire profondément et avance.

Respire profondément et fais le premier pas.

Respire profondément et agis.

Tu es dans une énergie très forte et tu es invité·e à te faire confiance et à être déterminé·e.

Tu peux le faire.

L'ENTITÉ :

Actuellement, tu peux chercher à rentrer en contact avec moi et tu as l'impression de recevoir des signes et des messages.

Mais ce n'est pas moi.

Nous ne sommes pas encore sur la même vibration donc nous ne pouvons pas communiquer ensemble.

Ce n'est pas une fatalité.

Très bientôt, nous pourrons communiquer ensemble.

Là, je t'invite à arrêter de chercher un contact, car tu te connectes avec d'autres entités et cela peut créer des failles énergétiques.

C'est moi qui viendrai vers toi quand nous allons être tou·te·s les deux prêt·e·s.

Alors, en attendant, ne cherche pas à contrôler notre communication et ne cherche pas à aller trop vite.

Je sais que cela peut être frustrant pour toi mais sache que tout arrive pour une bonne raison.

Tout est juste.

Aujourd'hui, prends le temps de vivre et d'accepter notre séparation physique.

Prends le temps de te connecter avec ton nouveau cadre de vie.

COLÈRE

TON ÂME :

Il y a une colère qui parasite tes énergies.

Cette colère perturbe ton chakra du cœur et ton chakra sacré.

Elle crée aussi une très grande impatience intérieure et tu peux avoir l'impression que tout est contre toi.

Tu peux avoir l'impression que les autres ne te comprennent pas et tu as l'impression que tout est fait pour te ralentir, pour te submerger et pour te bloquer.

Le monde extérieur n'est pas ton ennemi, il n'est que l'écho de tes propres énergies.

Aujourd'hui, je t'invite vraiment à comprendre la source de cette colère qui est ancienne et qui est devenue un pilier pour toi.

Tu crois que tu en as besoin, qu'elle te permet de combattre mais elle te maintient dans une énergie de lutte.

Et, surtout, elle te déconnecte de moi, ton âme.

Alors, libère-toi de cette colère, elle n'est pas juste pour toi et elle t'empêche d'être dans la gratitude et dans la joie de l'instant présent.

C'est en souriant que tu retrouves une connexion avec moi, c'est en étant dans la bienveillance que tu entends ma voix, c'est en étant dans la libération que nous allons de nouveau nous réunir.

Alors, libère-toi de cette colère.

TES GUIDES :

Il y a une énergie de colère en toi.

Elle est en lien avec le chiffre 7.

C'est une situation, une émotion, une relation qui a pu te marquer il y a de cela 7 ans, 7 jours, 7 mois, etc.

Réfléchis au chiffre 7, où cela fait écho en toi.

Cette colère n'est pas là pour que tu la libères absolument.

Elle est là pour que tu comprennes qu'il y a beaucoup de choses que tu laisses en toi comme des idées, des pensées, des envies de découvrir de nouvelles compétences et capacités.

Cette colère est le reflet de ta frustration de ne pas avoir assez de temps pour être dans une découverte de toi-même.

Alors, crée une nouvelle routine pour être à l'écoute de l'alerte de cette colère, pour être à l'écoute de son enseignement et ensuite tu pourras commencer ta libération.

Cette colère est un signe très fort pour que tu puisses te rendre compte de ta beauté d'être.

L'ENTITÉ :

J'ai été longtemps en colère et pourtant je n'ai pas l'impression qu'elle m'appartenait directement.

C'était une colère qui se transmettait de génération en génération.

Cette colère était devenue une évidence et une habitude de vie et de réactions.

Je n'aimais pas cette colère mais quand elle n'était pas là, je me sentais vulnérable.

Elle a été ma carapace, mais je sais qu'elle a pu m'empêcher de vivre de très beaux moments.

Je peux aussi ressentir ta colère vis-à-vis de moi.

Cette émotion nous unit mais elle peut aussi perturber notre communication.

Aujourd'hui, j'en suis libéré·e et je te conseille de trouver sa source pour en faire tout autant.

Ainsi, les échanges seront plus fluides et plus doux.

Et tu mérites tellement la douceur.

Je l'ai à peine touchée du doigt, la vraie douceur, la véritable.

Ne fais pas comme moi.

Sois doux·ce envers toi et accepte celle des autres.

Tu le mérites vraiment.

TON ÂME :

Parle-moi.

Et pour me parler, tu as besoin de te parler.

Le moment est vraiment venu d'écrire, car je sais que tu as des difficultés à exprimer ce que tu veux et ce que tu ressens par les mots.

Alors, écris ou tu peux dessiner si cela est plus fluide pour toi.

Ces moments d'écriture et/ou de dessins vont être très bénéfiques pour ton ancrage mais ils vont être aussi des moments de méditation pour que tu puisses être à l'écoute de toi.

Tu as besoin de t'écouter, tu as besoin de laisser venir à ta conscience des choses très importantes encore en sommeil aujourd'hui.

Tu sais au fond de toi de quoi il s'agit mais une partie a l'impression de ne pas être capable de les entendre.

Tu as peur de la douleur, de la souffrance ou de la déception.

Tout ce que j'ai à te dire n'est là que pour ton bien-être, ton bonheur et ta sérénité.

Tu as besoin de me parler.

Tu as besoin de te parler.

Tu as besoin d'être en contact avec ces mots et ces pensées.

TES GUIDES :

Il y a une clef qui peut t'aider à ouvrir la porte à ta communication intérieure et spirituelle.

Il s'agit du chiffre 11.

Il peut se manifester de différentes façons mais il est là pour que tu puisses être dans une nouvelle connexion avec ton chakra de la gorge.

C'est en étant dans une nouvelle connexion avec toi-même que tu vas pouvoir communiquer avec nous.

Parle avec douceur, parle avec délicatesse, parle avec bienveillance.

Pas à nous, mais bien à toi-même.

Tu vas avoir besoin de la communication pour tes projets professionnels et pour te libérer de certains schémas familiaux.

Tu vas avoir besoin de choisir les mots nécessaires à la libération d'anciens conflits.

Pour l'instant, nous nous manifestons avec le chiffre 11.

Quand ton chakra de la gorge sera davantage équilibré, nous pourrons alors communiquer d'une façon plus franche avec toi.

Nous attendons ta connexion nouvelle et nous avons confiance en toi.

L'ENTITÉ :

La communication n'a pas été forcément ma plus grande qualité.

Je pouvais être dans une certaine maladresse ou dans un silence.

J'ai pu aussi dire certaines choses que je ne pensais pas.

Pourtant c'est en communiquant que des liens peuvent se créer d'une façon positive.

Actuellement, je cherche à communiquer avec toi.

Je le fais par des mots que tu peux voir d'une façon répétée.

Toujours le même mot.

C'est moi.

J'ai besoin de te dire des choses comme j'entends tout ce que tu as à me dire.

Aimer quelqu'un, c'est important mais lui transmettre son amour, ça l'est tout autant.

Tu as pu douter de mes ressentis et de mes émotions.

Mais sache que l'amour pour toi a été et sera toujours puissant.

Aujourd'hui, je t'invite à communiquer ce que tu ressens.

Dis tout ce qui est important pour toi.

Ne garde rien pour toi.

C'est important pour ne pas avoir de regrets.

Parle avec bienveillance et surtout prends du recul quand les paroles sont trop lourdes.

Parle avec moi et surtout pardonne-moi.

Je ressens par moments ta colère que j'accepte et je t'invite à t'en libérer.

TON ÂME :

Tu ne sais plus qui tu es et ce que tu veux faire.

Tu peux prendre une décision le matin et te focaliser sur une autre le soir même.

Tu laisses le mental prendre le dessus et tu ne m'entends plus ou très mal.

Pourtant je t'envoie de très nombreux signes.

Et, surtout, je t'invite à faire le calme à l'intérieur de toi.

Le moment est venu de faire une pause, tu as besoin de repos et tu as besoin de comprendre tes idées et tes pensées.

La dualité que tu ressens à l'intérieur de toi t'empêche d'être dans un calme intérieur et cela t'empêche de te faire confiance.

Cette dualité n'est pas là par hasard, c'est la connexion que tu as avec ton mental et avec moi-même.

Médite, respire, repose-toi.

Ces moments-là vont être très importants pour que tu puisses m'entendre et pour que tu puisses être sûr·e de toi dans les choix que tu vas faire.

Les six mois qui arrivent vont être très importants dans les choix que tu vas faire et il n'y a que toi qui puisses les faire alors fais-nous confiance.

TES GUIDES :

Tu peux avoir des difficultés à comprendre ta situation extérieure, les événements imprévus sont nombreux et tu es toujours dans une forme d'hésitation.

Tu attends qu'un signe extérieur prenne une décision à ta place, car tu n'oses pas te faire confiance et tu n'oses pas faire le premier pas.

Cela crée une très grande dualité intérieure et extérieure.

Aujourd'hui, on t'invite vraiment à comprendre que la dualité extérieure est le reflet de ta dualité intérieure.

Nous t'envoyons des signes par tes émotions et par tes ressentis pour que tu comprennes que tout part de toi.

Ne regarde pas à l'extérieur mais bien à l'intérieur de toi.

Tu es capable de t'affirmer, connecte-toi à ton chakra sacré pour faire confiance à tes sentiments et à tes émotions.

L'ENTITÉ :

Ma vie a été faite de dualité et j'ai toujours hésité entre deux situations, deux relations et deux chemins différents.

Je n'ai pas osé choisir par moi-même, je n'ai pas forcément fait confiance à mes émotions, et cela pouvait créer aussi une grande dualité avec moi-même et donc avec les autres.

Je n'arrivais pas à canaliser mes émotions donc j'étais dans une forme de lutte.

Cette lutte a pu se refléter dans ma vie extérieure.

Cette lutte a pu créer comme un feu intérieur.

Aujourd'hui, je suis libéré·e de cette dualité et je suis dans une énergie de sérénité.

J'ai compris que c'est en me connectant à mes émotions que je suis alors mon propre guide.

J'ai compris que les choix se font par nous-mêmes et non par les autres.

Alors, comprends cette dimension de dualité.

Sois dans le pardon.

Et ouvre-toi à la belle personne que tu es.

ÉDUCATION

TON ÂME :

Tu as appris à porter un masque quand tu es en contact avec les autres.

Tu as appris à montrer certaines choses et à en garder d'autres pour toi.

Tu as appris à te fier à ce que veulent les autres.

Tu as appris à prendre en compte toutes les critiques même si elles ne sont pas constructives.

Cet apprentissage perturbe notre connexion et notre communication.

Cet apprentissage te connecte avec ton mental et tu peux entendre ma voix, mais d'une façon très lointaine, comme un chuchotement à peine perceptible.

Aujourd'hui, je t'invite à te libérer de cet apprentissage s'il n'a plus de sens pour toi.

Je t'invite à être dans une nouvelle connexion avec moi.

Redécouvre ta beauté intérieure.

Reconstruis ton cadre de référence.

Laisse la place à tes propres idées et tes propres envies.

Cela va te permettre de m'entendre de nouveau avec une voix calme, claire et douce.

TES GUIDES :

Il y a une partie de toi qui est très attachée à une seule façon unique de nous contacter.

Tu peux avoir l'impression que tu as besoin d'un rituel précis pour communiquer avec nous.

Ce n'est pas le cas.

Tu as juste besoin d'ouvrir ton cœur et de parler avec honnêteté et sincérité que ce soit à voix haute ou basse.

Les protocoles sont là pour t'aider à te connecter avec ton être intérieur.

Mais nous, nous sommes toujours là.

Tu as ton libre arbitre, donc nous ne pouvons pas décider ou agir à ta place mais notre présence est forte.

Tu peux rentrer facilement en contact avec nous lors de voyages astraux.

Si tu as besoin de signes précis, alors nous t'invitons à méditer.

Cela va t'aider à ressentir notre présence et à comprendre nos messages.

Crée ton propre rituel.

Prends tes distances par rapport à tes anciennes croyances.

Tu es en train d'évoluer et ta pratique aussi.

Fais-toi confiance.

L'ENTITÉ :

J'ai été conditionné·e par mon éducation.

Je pensais que c'était normal lors de ma vie passée et j'ai moi-même reproduit cette même éducation.

Je pensais que les règles mises en place depuis toujours étaient les meilleures.

Je pensais que c'était cela être une bonne personne, reproduire ce qui a toujours été fait sans chercher à définir de nouvelles règles.

Je me rends compte que cela m'a fermé les yeux sur des choses très importantes et cela m'a empêché·e de remettre en question beaucoup de choses.

Même moi, je ne me remettais pas en question.

Les règles, les normes, les cadres, tout cela était trop important pour moi.

Aujourd'hui, je m'en suis détaché·e et je t'invite à faire la même chose.

Crée ton propre cadre de référence.

Je vais me manifester à toi dans les prochains jours lors de musiques que tu vas écouter.

Tu vas te rendre compte que c'est moi, car les paroles vont te redonner le sourire.

Tu vas comprendre le message que je cherche à te transmettre.

Crée ta propre liberté, en tout cas j'œuvre de mon côté pour que tu puisses le faire.

Et cela dès maintenant.

C'est très important.

TON ÂME :

Tu peux être très en colère contre certaines personnes ou par rapport à certaines situations.

Tu peux en vouloir à certaines personnes et tu peux critiquer ou juger, sans même t'en rendre compte.

Aujourd'hui, je t'invite vraiment à prendre conscience de l'effet miroir.

Prends conscience que ce que tu reproches aux autres ou à la vie, ce sont tes propres reproches vis-à-vis de toi-même.

Prends conscience que tu vois l'autre en fonction de toi.

Et, actuellement, tu es dans une énergie où tu es vraiment invité·e à te regarder tel·le que tu es.

Une partie de toi peut avoir des difficultés à le faire, c'est pour cela que tu l'extériorises sur les autres.

Sans être dans une énergie de culpabilité, regarde-toi d'une nouvelle façon.

Et surtout, analyse ce que tu vois chez les autres.

Ce sont des informations importantes pour être dans une nouvelle connaissance de toi-même et dans une nouvelle énergie positive.

Fais-le avec bienveillance et confiance.

Tu vas apprendre et comprendre des choses très importantes.

TES GUIDES :

Tu es dans une énergie où la notion de famille est très importante.

Que ce soit la création de la famille que tu souhaites, ou la libération de liens familiaux dont tu n'as plus besoin, tu es en train de créer un nouvel espace intérieur et extérieur.

Aujourd'hui, nous manifestons notre présence par rapport à des signes et des événements en lien avec la famille.

Alors, vis ces moments, ces synchronicités et ces événements avec confiance.

Le but est de t'apporter une nouvelle libération et une nouvelle énergie de construction personnelle avec les autres.

Cela a été une demande que tu as eue depuis très longtemps.

Sache que cette demande a été entendue.

Tu vas créer la famille que tu souhaites, tu vas créer des relations avec les autres positives pour toi, tu vas partager un bonheur fort et intense.

Fais confiance à tous les événements.

Tout est là pour ton bonheur.

L'ENTITÉ :

J'ai été longtemps dans l'effet miroir.

J'ai souvent reproché aux autres des choses que je me reprochais moi-même.

J'ai pu critiquer ou juger des choses extérieures alors que cela était pour moi.

Aujourd'hui, j'en ai conscience.

Même vis-à-vis de toi, j'ai pu parfois être dans une énergie négative.

Je sais que c'est en lien avec moi maintenant et non avec les autres.

Et cela est très libérateur.

Aujourd'hui, je t'invite à prendre conscience de cet effet miroir.

Plus tu vas être honnête avec toi-même, plus tu vas pouvoir ressentir ma présence.

Plus tu vas être sincère avec toi-même, et plus tu vas voir et comprendre les signes que je t'envoie.

Plus tu vas te regarder tel·le que tu es, et plus tu vas pouvoir voir ta vie extérieure d'une nouvelle façon.

Je suis à tes côtés mais tu es en train de prendre conscience de beaucoup de choses.

Tu es dans une transformation intérieure.

Je ne veux pas t'empêcher d'expérimenter par toi-même.

Alors, pour l'instant, je suis discret·ète.

Mais sache qu'en te rencontrant, tu me retrouves.

Moi, je vais bien.

Je suis bien.

Et je veux que tu ressentes ce nouveau bonheur pour ensuite le partager avec les autres.

Tu le mérites tellement.

Vraiment, crée ce mantra : « je le mérite ».

TON ÂME :

Toi, tu ne le vois pas forcément mais je suis très souvent en contact avec ton enfant intérieur.

Il a besoin d'être rassuré et il a besoin d'être aimé.

Tu peux le sentir par moments, mais tu le fuis.

Tu peux alors créer des schémas relationnels négatifs et tu peux accepter des situations qui ne sont pas en accord avec tes besoins et tes attentes.

Souvent, quand la nuit tombe, ton enfant intérieur arrive à rentrer en contact avec toi.

Mais une partie de toi l'évite toujours.

Tout comme moi, il fait partie de toi et surtout il n'est pas ton ennemi, bien au contraire.

Il est ta joie, ton rire, ton brin de folie, ta spontanéité, ton optimisme et ta capacité à aimer.

Même s'il est triste aujourd'hui, il n'y a que toi qui peux le rassurer et il n'y a que toi qui peux faire un pas vers lui.

Alors, fais-le.

Avec la méthode de ton choix, retrouve-le.

Il t'attend et ne t'en veut pas.

Il sait que tu fais le maximum pour garder un certain équilibre émotionnel.

Mais il est ton meilleur ami, alors rassure-le pour créer un nouveau duo positif.

Ensemble, vous allez vivre de très belles surprises et de très belles synchronicités.

TES GUIDES :

Tu as toujours eu une très grande sensibilité spirituelle.

Depuis ta plus tendre enfance, tu avais une très grande connexion avec tes capacités et avec tes ressentis.

Quand tu as grandi, elles se sont fermées.

Maintenant, tu peux avoir l'impression de ne rien ressentir ou que cela est un parcours du combattant.

Il n'en est rien.

Ta grandeur spirituelle est présente en toi depuis toujours.

Prends le temps de te reconnecter avec tes souvenirs d'enfance.

Ce que tu as vécu n'était pas en lien avec la pensée magique.

C'étaient des expériences réelles.

En te reconnectant à ton enfance, tu te reconnectes à ton chakra du 3e œil et coronal.

Tu te reconnectes à ta force intérieure et spirituelle et tu es alors dans une nouvelle harmonie énergétique.

Tu vas te rendre compte que tout a un sens et tu vas comprendre le sens des événements passés.

Tu es une âme ancienne et tu es une âme d'une très grande sensibilité spirituelle.

L'ENTITÉ :

Toi et moi, nous avons un lien avec l'enfance.

Toi seul sais ce que cela veut dire.

Je n'ai pas forcément été un·e enfant heureux·se, mais je sais que mon âme n'a pas choisi cette expérience par hasard.

Mon but était d'être dans une énergie de résilience.

Je sais que ton enfance a pu aussi être compliquée et je sais que j'ai des excuses à te présenter.

Quand je repense à l'enfance, ma gorge se noue, comme s'il y avait des choses que je ne pouvais pas encore dire et je sais que tu as le même ressenti.

Alors peut-être pouvons-nous travailler ensemble ?

En te connectant à ton enfance, en comprenant le sens des événements, en étant dans le pardon, tu me libères aussi.

Tu m'aides à m'éveiller, tu m'aides à me libérer, tu m'aides à m'élever.

Nous sommes le miroir de certains souvenirs mais nous avons aussi la même force intérieure.

Rappelle-toi que tu as ton libre arbitre et que tu peux être la personne que tu as décidé d'être.

Et j'ai confiance en toi pour l'être, car tu en es capable.

TON ÂME :

Tu es ton propre guide.

En ce moment, tu peux avoir l'impression de ne pas avoir de réponses.

Tu peux avoir l'impression que tes outils spirituels ou que la Vie ne t'apportent pas les réponses dont tu as besoin.

Ce n'est pas un hasard.

Ce sont des messages forts et importants pour que tu puisses te rendre compte que tu es ton propre guide.

Fais-toi confiance.

Et, surtout, prends le temps de te connecter avec tes pensées et tes besoins.

En ce moment, tu peux te sentir vide.

Tu peux même avoir l'impression que je suis parti·e.

Je suis toujours là.

Mais tu as besoin d'espace.

Tu as besoin de créer ton propre univers, ton propre cadre de référence et de te connecter à tes propres besoins pour les mettre en avant.

Tu es ton propre guide.

Tu peux le répéter plusieurs fois par jour pour en faire un mantra.

Pour l'intégrer et pour le ressentir au plus profond de toi.

TES GUIDES :

Tout dépend de toi.

Tu peux avoir l'impression d'être dans une situation particulière mais notre rôle actuellement est de ne pas du tout intervenir, que ce soit sous la forme de signes ou de messages.

Tu n'es pas en danger.

Tu ne vas pas prendre une mauvaise direction ou tu ne vas pas faire de mauvais choix.

Tu es dans une énergie de libre arbitre très intense et tout dépend de toi.

Tu es face à une feuille blanche et c'est toi qui décides ce que tu vas écrire.

Alors le conseil que l'on te donne, c'est de te connecter à la loi d'attraction.

Visualise ce qui est important pour toi.

Agis en lien avec ces visualisations.

Concentre-toi sur ce qui te fait vibrer.

C'est toi le créateur.

Toi et seulement toi.

L'ENTITÉ :

Je suis l'un de tes anges protecteurs.

Je suis là, juste auprès de toi.

Je suis là et bien présent·e.

Mon rôle est de te guider vers ce qui est bénéfique pour toi.

Alors, parfois, je peux être à l'origine d'événements imprévus ou de blocages.

Ce n'est pas pour t'embêter.

C'est pour que tu puisses te faire confiance et pour que tu puisses te rendre compte du chemin qui est le plus positif pour toi.

Pour l'instant, je ne rentre pas en contact directement avec toi, car je veux que tu te connectes avec ta force intérieure et ton libre arbitre.

Je manifeste ma présence par des événements extérieurs et par des synchronicités.

Je manifeste ma bienveillance par des perturbations extérieures.

Alors, ne soupire pas ou ne crois pas que tout est contre toi.

Tu as un vrai soutien de ma part et de tous tes guides.

Dans ma dernière incarnation, je pouvais refuser l'aide extérieure ou je pouvais essayer de contrôler les choses.

Je n'aimais pas du tout les événements extérieurs.

Et c'est assez ironique que ce soit maintenant toi qui en sois à l'origine.

Mais les événements imprévus sont positifs quand on prend du recul.

J'ai compris cela.

Et cela permet de se connecter au champ des possibles.

TON ÂME :

Une partie de tes énergies porte le poids de ton karma.

Et cela de deux façons différentes.

La première, c'est ce que je considère comme des échecs.

Je porte en moi des mémoires bloquantes en lien avec nos anciennes vies, en lien avec ce que je n'ai pas réussi à construire et/ou à dépasser.

Je porte aussi en moi toute cette sagesse que nous avons construite et que tu n'utilises pas forcément.

Aujourd'hui, je t'invite à travailler et à comprendre ton karma.

Je t'invite à comprendre qui tu as été pour comprendre la belle personne que tu es aujourd'hui.

Le but n'est pas de te chercher des excuses ou de te cacher derrière ton karma.

Le but est de prendre conscience de ton pouvoir intérieur, de prendre conscience des défis et des objectifs que tu as pour cette vie-là.

Alors, avec la méthode de ton choix, connecte-toi à ton karma.

Regarde qui nous avons été pour être dans une nouvelle avancée et dans une transformation intérieure.

TES GUIDES :

Tu es dans une énergie où tu es invité·e à construire quelque chose de très important.

Tu es invité·e à être dans une nouvelle indépendance et dans une nouvelle liberté.

Tu reçois beaucoup de signes en ce sens depuis des années.

Tu as eu une idée quand tu étais très jeune.

C'était une envie profonde ou un projet.

Tu pouvais même en parler tout le temps et à tout le monde.

Et puis, au fur et à mesure du temps, cette idée s'est éteinte et tu t'es conditionné·e à ce que tu pensais être le mieux pour toi ou à ce que les autres attendaient de toi.

Aujourd'hui, tu peux avoir l'impression d'avoir beaucoup de souvenirs du passé.

Tu peux « par hasard » retomber sur des photos d'enfance ou sur d'anciens documents.

Tu peux avoir des conversations avec des personnes de ta famille qui te reconnectent avec d'anciens souvenirs.

Ce sont des signes que nous t'envoyons pour que tu puisses te souvenir de ces envies et besoins de création.

Ce sont des signes pour que tu puisses avoir confiance en toi et pour que tu puisses oser.

Concrétise tes rêves.

« C'est trop beau pour être vrai » n'est pas une phrase juste.

Si tu le désires, alors tu es capable d'offrir le meilleur de toi-même et cela dès maintenant.

L'ENTITÉ :

Lors de ma dernière existence, j'ai répété d'anciens schémas.

Des schémas karmiques.

Je n'avais pas forcément conscience de ce karma alors je pouvais être dans une certaine incompréhension par rapport à tout ce que je vivais.

J'avais comme peur de la vie.

J'avais peur de ce qu'elle pouvait m'apporter.

J'étais comme dans une lutte avec elle.

Et cela pouvait se répercuter sur mes relations avec les autres et même avec toi.

Aujourd'hui, j'ai conscience de ce karma et j'ai compris le sens de tout ce que j'ai vécu.

Je suis dans une plus grande sérénité par rapport à cela.

Et je sais que, lors de ma prochaine existence terrestre, je ferai les choses d'une façon différente.

Tu as pu garder en mémoire la pénibilité de ma vie et tu peux ressentir de l'injustice par rapport à cela.

Libère-toi de ces émotions et de ces ressentis.

Je suis libre maintenant et je te souhaite cette même liberté.

Je n'ai plus de colère mais je peux ressentir la tienne.

Elle n'est pas juste pour toi.

Le karma ne se fuit pas.

Il se comprend pour en faire une force.

LIBÉRATION

TON ÂME :

Le moment est venu.

Le moment est venu de te libérer.

Le mot est venu de laisser partir ces dernières résistances.

Tu as travaillé sur beaucoup de mémoires et d'énergies bloquantes.

Cela t'a demandé beaucoup d'efforts et de remises en question.

Mais tu as réussi.

Aujourd'hui, tu es face aux dernières résistances, celles qui sont le plus ancrées, celles qui peuvent te faire peur, celles qui peuvent te sembler insurmontables.

Sache que ce n'est pas le cas.

Tu es capable de te libérer de ces dernières entraves.

Tu as compris leurs enseignements, donc tu peux maintenant laisser partir ces énergies dont tu n'as plus besoin.

Prends le temps de respirer, prends le temps de conscientiser cette libération.

Tu peux demander de l'aide si tu as l'impression de ne pas réussir seul·e.

Mais tu es capable et cela va te permettre d'ouvrir un grand et beau nouveau chapitre de vie.

Bravo.

TES GUIDES :

En ce moment, tu peux avoir des difficultés à communiquer avec nous, car nous ne sommes pas forcément sur la même énergie.

Tu ne communiques pas directement avec nous.

Soit tu cherches à le faire au travers d'autres personnes, soit ton mental parasite notre lien et tu doutes alors de notre présence.

Nous sommes là, tout près de toi.

Mais nous t'invitons à prendre conscience de la manière dont tu cherches à communiquer avec nous.

Nous avons beaucoup de messages à te transmettre.

Ce sont des choses que tu sais déjà, mais tu as besoin d'une confirmation et nous le comprenons.

Change ta façon de communiquer.

Si tu essayes de nous parler avec des oracles, essaye par la méditation.

Si tu essayes par une personne extérieure, essaye de le faire par toi-même.

Écoute tes ressentis qui vont te guider vers la manière la plus juste pour être dans une communication avec nous.

Nous sommes là.

Nous attendons.

L'ENTITÉ :

Je suis en train de me libérer.

Je suis en train de créer une nouvelle énergie intérieure.

Je suis dans une énergie d'évolution positive.

Pour cela, j'ai besoin de toi, si tu le souhaites bien sûr.

J'ai besoin de tes pensées positives, j'ai besoin que tu penses à moi avec le sourire, j'ai besoin de ta lumière intérieure.

Quand je suis dans tes pensées, alors pense à de doux souvenirs joyeux.

Tu peux aussi allumer une bougie à mon hommage.

Ce sont des actes qui m'aident à continuer mon chemin lumineux.

Pour l'instant, je ne peux pas t'aider ou communiquer avec toi comme tu le souhaites.

C'est moi qui ai besoin de toi.

Mais quand je serai totalement dans cette énergie nouvelle, alors je vais pouvoir être un soutien et je vais pouvoir te transmettre les informations dont tu as besoin pour être dans une énergie de sérénité et de calme intérieur.

Si tu ne te sens pas capable de m'aider, rassure-toi, je le comprends.

Je ne suis pas dans la colère ou dans la rancune.

Je suis dans l'apaisement, le pardon et la reconnexion avec mon âme.

Cela est déstabilisant par moments mais cela apporte réconfort et bienveillance.

TON ÂME :

Tu me manques.

Et je sais que tu ressens que nous nous sommes éloigné·e·s, car tu ressens souvent cette énergie de manque.

Tu ne sais pas forcément l'exprimer mais tu ressens que quelque chose n'est pas là.

C'est notre relation à nous deux, notre union et notre osmose.

Pourquoi ne penses-tu pas à moi ?

Et pour répondre à cette question, je t'invite à te demander pourquoi tu ne penses pas à toi ?

Pourquoi tu remets toujours à plus tard ces moments que tu souhaites prendre pour toi ?

Pourquoi remets-tu toujours à plus tard les choses qui peuvent t'apporter un certain bien-être ?

Pourquoi remets-tu toujours à demain ces moments de pause que tu attends depuis si longtemps ?

Je ne sais pas forcément quoi te dire pour te guider vers moi.

Tu connais le chemin.

Tu as juste besoin de le prendre.

Alors, reviens vers moi.

Reviens vers nous.

Écoute l'appel de ton âme qui te demande de te retrouver pour te sentir de nouveau comblé·e.

TES GUIDES :

Tu es dans une énergie de transformation intérieure.

Tu peux même le ressentir physiquement par des sensations de chaleur dans différentes parties de ton corps physique.

Tu es en train de créer un nouvel espace intérieur et tu es en train de modifier de nombreuses convictions.

Cela est passé par une très grande période de doutes, voire une pénible nuit noire de l'âme.

Tu as tout remis en question, tu as tout nié, tu as tout annulé.

Cette période était très importante pour que tu puisses équilibrer ton ego, tes énergies et ta spiritualité.

Tu es en train d'achever cette transformation intérieure.

Tout est en train de reprendre un nouveau sens.

Fais confiance à cette transformation intérieure, demande de l'aide si tu en ressens le besoin.

Cela va te permettre d'être dans une nouvelle connexion avec les synchronicités.

L'ENTITÉ :

Tu me manques et je sais que je te manque aussi.

Je sais que tu peux souvent pleurer.

Je le sais, car je suis très souvent à tes côtés à ces moments-là.

Ce qui me manque, c'est notre complicité et ta présence physique.

Je sais que parfois tu cherches à renier ce manque en laissant la colère te guider.

Je sais aussi que voir des signes peut aussi t'énerver, car cela te rappelle que je ne suis plus là.

Tu as comme un goût d'inachevé.

Quelque chose qui n'a pas été fait ou qui n'a pas été dit.

Tu as l'impression que ce n'est pas juste et que je devrais davantage me manifester.

Pourtant je suis bien là.

Tout près de toi.

Ma présence n'est pas là pour combler ce vide que tu ressens.

Elle est là pour t'aider à finaliser ton deuil.

Pour que tu puisses accepter que notre relation ait changé mais que notre lien d'amour est intact.

Je suis là.

Je t'aide à te connecter à tes capacités de divination qui sont très puissantes actuellement.

Plus tu vas te connecter avec ton chakra du 3ᵉ œil, plus tu vas ressentir mes énergies.

Alors, fais-toi confiance et ose découvrir ta spiritualité.

PARDON

TON ÂME :

Il y a une très grande culpabilité en toi.

Une partie de toi porte un poids qui ne lui appartient pas.

Une partie de toi pense que tu ne mérites pas le bonheur et que tu ne mérites pas de recevoir tout ce dont tu as besoin.

Une partie de toi refuse l'abondance.

Je t'envoie de nombreux signes pour que tu puisses prendre conscience de cette culpabilité, pour que tu puisses en comprendre la source et pour que tu puisses être dans une nouvelle bienveillance avec toi-même.

Cette culpabilité est ancienne et elle se loge surtout au niveau de ton chakra sacré.

Cela peut perturber tes relations avec les autres.

D'ailleurs tu es actuellement dans des relations miroirs.

Prends le temps de comprendre tes relations.

Cela va te permettre de mettre en lumière des choses importantes qui étaient en sommeil en toi.

Cela va te permettre d'être dans une nouvelle compréhension de tes besoins et de tes attentes.

Cela va te permettre de recevoir les fruits de tes efforts.

TES GUIDES :

Il y a une partie de toi qui garde un poids en lien avec ton passé.

Il y a une forme de culpabilité qui est présente en toi.

Il y a une partie de toi qui a l'impression de ne pas avoir droit au bonheur.

Il y a une partie de toi qui répète toujours le même schéma.

Tu peux essayer de rentrer en contact avec nous et tu peux ressentir une forme de frustration, car tu ne comprends pas les messages.

Mais tes énergies sont bloquées dans le passé.

Prends le temps de te connecter à l'instant présent.

Prends le temps de méditer en pleine conscience pour là, ici et maintenant.

Prends le temps d'être là.

Cela va te permettre d'inscrire tes énergies au présent.

Cela va apporter une libération naturelle.

Cela va te permettre d'entendre nos messages et nos signes.

Cela va te permettre de rentrer en contact avec toi.

L'ENTITÉ :

Je te demande pardon.

J'ai eu une très grande culpabilité en moi.

Je pouvais toujours avoir peur de mal faire.

Je savais au fond de moi que je pouvais blesser mais c'est comme si je ne pouvais pas faire autrement.

J'étais comme dans une lutte intérieure et, avec le recul, je me rends compte que j'ai pu blesser certaines personnes.

Ce n'était pas mon souhait.

Je sais que cela n'excuse pas mais j'ai besoin de dire cette phrase « je ne m'en rendais pas compte ».

J'étais bloqué·e dans ma propre façon de faire et d'être.

J'étais bloqué·e dans mon cadre de référence.

J'étais bloqué·e dans ma propre façon de voir les choses.

Alors, aujourd'hui, je te présente mes excuses.

Et je te demande aussi de te pardonner.

Tu as fait et tu fais le maximum avec les moyens que tu as.

Tu es dans une énergie où tu donnes le meilleur de toi-même.

Et, comme nous tous, parfois tu peux tout accomplir et parfois tu te sens démuni·e.

Aujourd'hui, je n'ai plus de colère et je n'ai plus de rancune.

Et je te demande d'être dans cette même énergie.

Sois dans une énergie nouvelle de libération et de pardon.

Je t'accompagne chaque jour pour le faire.

TON ÂME :

Une partie de tes énergies est figée par la peur et cela peut perturber notre connexion.

La peur n'est pas à fuir.

Quand elle est une alerte, elle est positive.

Une partie de toi se sent en danger et je t'invite à comprendre pourquoi.

Pourquoi as-tu l'impression que si tu me parles, cela te met en danger ?

Pourquoi as-tu peur d'être en contact avec toi-même ?

Pourquoi as-tu peur de t'écouter ?

Tous les conseils et les messages que j'ai pour toi sont positifs.

Ils sont là pour que tu puisses avancer d'une façon sereine.

Peut-être ne sont-ils pas encore ce dont tu as envie actuellement ?

Ne cherche pas à fuir cette peur.

Écoute son alerte, cela va te permettre d'ouvrir les yeux sur des choses importantes et cela va te permettre d'avancer d'une nouvelle façon.

TES GUIDES :

Il y a une partie de tes énergies qui s'est comme figée il y a deux ans.

Cela peut être en lien avec un événement, une situation ou une relation.

Depuis ce moment-là, une certaine forme de peur s'est installée.

Elle est comme devenue ton guide et elle perturbe ton avancée.

Aujourd'hui, tu es invité·e à comprendre le sens des événements passés et à reprendre un nouveau chemin.

C'est en étant dans une énergie nouvelle intérieure que tu vas créer un changement extérieur.

Tu peux avoir l'impression que le rythme est très lent.

C'est à toi de donner le nouveau rythme.

Tu es capable de le faire.

Tu peux le faire.

Tout est à ta portée.

L'ENTITÉ :

Tu peux avoir peur de rentrer en contact avec moi.

Tu peux avoir peur des messages que tu peux recevoir.

Tu peux avoir peur des ressentis que tu peux avoir.

Ce contact n'est pas négatif et je ne peux pas dépasser les limites que tu fixes concernant ta médiumnité.

Il n'y a pas que moi qui cherche à te contacter mais une partie de toi limite la communication.

Je le comprends et je respecte ton rythme.

Je t'invite à comprendre la source de ta peur.

J'ai connu la peur pendant mon incarnation, j'ai très souvent eu peur et mon âme est restée très longtemps figée.

Je suis passé·e à côté de nombreuses opportunités.

Je n'ai pas peur de toi et je souhaite vraiment te transmettre des messages importants.

Tu as besoin de découvrir de nouvelles choses en toi, il y a une vraie soif de découverte, je le ressens.

Alors, libère-toi de la peur pour laisser la place à l'énergie d'amour.

À ce moment-là, le contact va être simple et fluide.

Je me manifeste surtout avec les couleurs.

Une couleur sera très dominante dans les signes que tu vas recevoir.

Cela sera toujours la même.

Cela sera moi.

C'est mon signe pour te prouver que mon âme est bien présente auprès de toi.

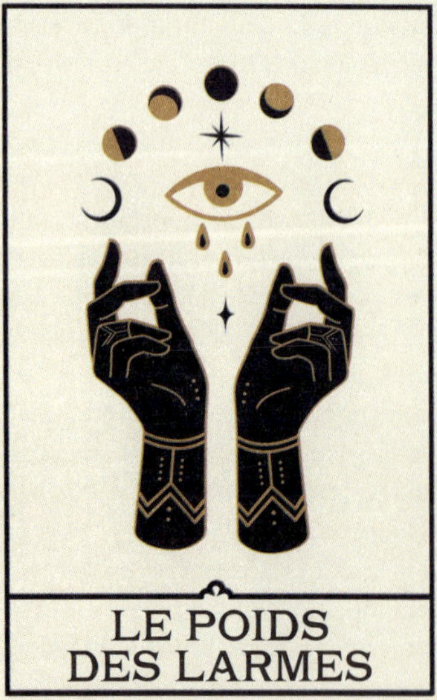

TON ÂME :

Il y a une très grande tristesse en toi et il y a une certaine douleur émotionnelle.

Je la ressens au fond de toi et je la comprends.

Une partie de toi a l'impression que cela te rend faible et vulnérable alors tu la refoules au plus profond de toi.

Or, cette tristesse est légitime et surtout son enseignement est positif.

Elle est le signe que tu es en train de faire le deuil d'une relation, d'une situation ou d'un mécanisme de fonctionnement et de pensées.

Il y a encore des résistances et c'est pour cela qu'une partie de toi a peur de se connecter à cette souffrance émotionnelle.

Ne te force pas si tu as l'impression que tu ne peux pas gérer.

Mais ne la refoule pas.

Si tu as besoin de pleurer, de hurler ou juste de parler, alors fais-le.

Tu peux écrire ou tu peux communiquer avec une personne de confiance.

Mais je t'invite vraiment à le faire.

Cela va t'apporter une vraie libération et cela va te permettre d'ouvrir un nouveau chapitre de vie.

TES GUIDES :

Il y a six mois, il s'est passé quelque chose d'important.

Il y a six mois, quelque chose a fortement perturbé tes énergies et tes émotions.

Il y a six mois, une partie de tes énergies s'est figée.

Il y a six mois, une partie de toi a eu très peur.

La peur n'est pas une émotion négative.

La peur est là quand tu te sens en danger.

Quand elle est une conseillère, elle te fige.

Quand elle est une alerte, elle te permet de comprendre ce qu'il est en train de se passer.

Aujourd'hui, on t'invite avec la méthode de ton choix à comprendre ce qui t'a fait peur et ce qui t'a rendu·e triste.

On t'invite à en comprendre son enseignement.

Et, surtout, depuis quelques jours, nous t'envoyons des signes pour que tu sois en contact avec une personne extérieure.

Cette personne va t'aider de façon directe ou indirecte à te reconnecter avec toi-même.

L'ENTITÉ :

Il y a une partie de toi qui est très triste.

Il y a une partie de toi qui peut avoir envie de pleurer et de hurler.

Ce n'est pas forcément directement en lien avec mon départ.

C'est une situation qu'une partie de toi n'arrive pas à accepter et à dépasser.

Et je le comprends tout à fait.

J'aimerais t'aider davantage, mais je sais que c'est à toi de construire ton propre chemin.

Ne crois pas que ces larmes me soient nuisibles.

Ne crois pas que tu as une influence négative sur mon âme.

Je suis là pour toi et je suis là pour te consoler.

Je t'envoie de la douceur et de la bienveillance.

J'aimerais te prendre dans mes bras mais je sais que je ne peux pas.

Alors, pour que tu puisses ressentir ma présence, prends du temps pour te cajoler et pour t'apporter de la bienveillance.

Prends soin de toi.

C'est à ce moment-là que nous allons vibrer sur la même énergie et que nous allons partager une communication douce et unique.

REFOULEMENT

TON ÂME :

Une partie de toi refoule quelque chose d'important.

Et cela influence l'avancée d'une relation ou d'un projet.

Tu peux sentir en toi comme des impulsions à ne plus réfléchir et à ne plus douter.

C'est moi qui t'invite à t'extérioriser.

Tu peux te replier sur toi-même et cela n'est pas forcément pour toi.

Alors, je te guide par des envies et des idées.

Quand tu as envie de sortir, de rencontrer de nouvelles personnes, de parler, d'aller dans des endroits nouveaux, de voyager, voire de déménager, c'est moi qui te guide.

Tu as besoin d'un nouveau cadre extérieur pour te libérer de tout ce qui est bloqué en toi.

Tu as besoin de te libérer de certains objets pour te libérer du passé.

Tu as besoin de nouvelles lectures pour te connecter à de nouveaux cadres de référence.

Cela fait trop longtemps que cela est refoulé et tu as aujourd'hui toute la force et toute la sagesse pour y faire face.

Et, surtout, tu n'es pas seul·e, je suis avec toi.

Alors, écoute-moi et sors de ta zone de confort.

Sois spontané·e et suis-moi.

Je te montre le chemin de la libération.

TES GUIDES :

Les quinze jours qui arrivent sont très importants et ils sont placés sous le signe de la nouveauté.

Il y a une opportunité, un événement, une rencontre ou un signe extérieur qui se présente à toi dans les quinze jours et tu es invité·e à dire « oui » sans forcément réfléchir et sans demander à ta logique si c'est une bonne idée.

Ce n'est pas du tout ce que tu as visualisé, c'est complètement différent mais cela est en lien avec tes besoins et avec ta libération.

Fais confiance à ton âme et fais-nous confiance.

C'est un carrefour qui se présente à toi, quelque chose d'important et d'épanouissant.

Tu es invité·e à travailler sur ton chakra du 3e œil avec la méthode de ton choix, pour regarder avec confiance et bienveillance tout ce qui va se dérouler dans ta vie extérieure.

Tu pourras ressentir une forme de peur mais elle sera une alerte, car tu vas sortir complètement de ta zone de confort.

Au tout début, tu ne vas pas forcément comprendre ce beau cadeau de la vie mais en disant « oui », tout va prendre un nouveau sens.

Dans les quinze jours, dis « oui ».

L'ENTITÉ :

J'ai refoulé beaucoup de choses et cela est devenu un vrai poids intérieur.

Je pouvais le ressentir car j'avais l'impression d'être toujours fatigué·e.

Tout me paraissait pénible, compliqué et je pouvais même tout remettre à demain.

J'avais comme un mal-être intérieur qui était devenu mon quotidien.

Aujourd'hui, je m'en suis libéré·e et je suis une âme heureuse et légère.

Ne refoule pas les choses, ne refoule pas ce qui est important pour toi ou ce qui te peine.

La zone de confort n'est qu'un leurre, j'aurais pris plus de risques si je pouvais recommencer exactement les mêmes choses.

Je pensais que les médailles étaient reçues grâce à la sécurité que l'on pouvait créer.

Ce n'est pas le cas.

Rappelle-toi de ce mot « médaille », très bientôt, il va prendre un nouveau sens et il sera l'un des signes de ma présence à tes côtés.

Refouler qui on est, ce que l'on pense et ce que l'on souhaite faire n'est pas une idée bénéfique pour l'évolution de notre âme.

Ce refoulement m'avait déconnecté·e des autres et peut-être même de toi.

Tu es un cadeau, tu es une merveille, alors pars à la conquête de ta beauté.

REGRETS

TON ÂME :

Une partie de tes énergies est bloquée dans une énergie de regrets.

Tu as l'impression d'avoir raté quelque chose d'important et cela t'apporte une très grande tristesse.

Tu peux regretter un choix que tu as fait et tu peux chercher à revenir en arrière.

Je te le dis, ce n'est pas forcément une bonne idée.

Rappelle-toi que tu fais toujours le maximum avec les moyens que tu as.

Tu fais toujours les bons choix quand tu choisis par toi-même.

Ces regrets créent un très grand poids intérieur et cela te déconnecte de ta beauté intérieure.

Cela te bloque aussi et cela te déconnecte de ton chakra du plexus solaire.

Tu peux être alors dans une lutte intérieure et te laisser guider par des pensées négatives.

Tout cela n'est pas juste pour toi.

Prends le temps de comprendre la source de ces regrets.

Je te conseille de les écrire pour ensuite t'en défaire.

Cela va te permettre de créer un nouvel espace à des actions nouvelles.

TES GUIDES :

Une partie de toi est dans une énergie de dualité.

Cela peut créer des tensions intérieures et cela peut t'empêcher d'être serein·e.

Tu doutes de tout, en permanence.

Et cela peut aussi créer une zone de confort qui se fige dans ta vie extérieure.

Tu as l'impression d'être en attente de quelque chose d'important sans forcément comprendre de quoi il s'agit.

Nous t'invitons à comprendre la source de cette dualité qui est présente en toi depuis des mois.

Nous t'invitons à prendre conscience qu'il y a une discordance entre ce que tu souhaites vraiment et ce que tu es en train de créer dans ta vie extérieure.

Nous t'invitons à prendre contact avec nous.

En ce moment, tu crois que nous ne sommes pas là et vu que tu pars de ce principe, tu ne demandes pas de signes ni de conseils.

C'est à toi de venir vers nous avec la méthode de ton choix.

Nous attendons ton appel pour te transmettre tout ce que tu as besoin de savoir.

Cela va te guider vers la libération de cette dualité pour créer une nouvelle osmose intérieure et extérieure.

L'ENTITÉ :

J'ai eu beaucoup de regrets même si maintenant je me sens libéré·e.

Il y a beaucoup de choses que je me suis refusé·e à faire pour différentes raisons.

J'avais très souvent peur de me montrer et de faire les mauvais choix.

Je m'étais enfermé·e dans des certitudes.

Aujourd'hui, je me rends compte que ces regrets avaient créé un poids intérieur.

Et je ne souhaite pas du tout que tu fasses les mêmes choix que moi.

Ose être la belle personne que tu souhaites être.

Il y a des choses que j'ai laissées en attente avant mon départ.

Je pensais que je pourrais les faire plus tard.

Je pensais avoir davantage de temps.

Mais ce n'était pas le cas et, avec le recul, c'est parfait ainsi.

Aujourd'hui, j'ai besoin que tu fasses quelque chose pour moi.

Une action que j'aurais voulu faire.

Je t'envoie de très nombreux signes.

Et tu sais au fond de quoi il s'agit.

Accomplis cette chose pour moi.

Cela va me permettre d'être dans une libération totale et cela va nous aider à communiquer ensemble d'une nouvelle façon.

J'ai confiance en toi.

TON ÂME :

Tu as besoin de comprendre le lien que tu as avec une personne et avec une autre âme.

Tu as besoin de comprendre pourquoi la relation peut être aussi compliquée ou pourquoi les sentiments peuvent être aussi forts.

Tu as besoin de catégoriser cette relation.

Oui, c'est bien une relation karmique, c'est-à-dire que vos deux âmes se sont déjà rencontrées dans d'anciennes vies.

Cependant, ce n'est pas une raison pour que cette relation devienne toxique ou pour que tu puisses accepter des choses qui ne sont pas justes pour toi.

Une partie de toi a peur d'arrêter cette relation ou a besoin de se focaliser sur sa profondeur karmique.

Cependant, cela t'empêche de te connecter à ton libre arbitre et cela t'empêche de prendre des décisions par toi-même.

Aujourd'hui, je t'envoie beaucoup de signes pour que tu puisses te détacher de cette relation, pour que tu puisses prendre du recul et pour que tu puisses te connecter avec ton libre arbitre.

Ne crois pas que les événements imprévus soient des signes de la fatalité de la vie.

Ce sont des signes importants pour que tu puisses te connecter avec ta force intérieure et pour que tu puisses lâcher prise.

TES GUIDES :

Les deux jours qui arrivent vont être riches de signes et d'événements importants.

Tu es dans une énergie où tu es en train de vivre une transition importante qu'elle soit énergétique, émotionnelle ou intérieure.

Tu es actuellement à un carrefour de vie et tu es invité·e à faire des choix importants.

Ces choix, tu es invité·e à les faire par toi-même.

Les autres peuvent te donner des conseils mais il n'y a que toi qui décides.

C'est important que ce soit toi qui prennes des décisions.

Les signes de notre présence vont être très forts dans les deux jours à venir.

Ils peuvent se présenter sous différentes formes.

Accueille-les avec confiance et bienveillance.

Nous sommes près de toi pour que tu puisses faire confiance à tes capacités de courage et de persévérance.

Tu peux tout réaliser par toi-même.

Tu es capable de le faire.

Ces choix vont déterminer un nouveau chemin important pour toi.

Et cela va te permettre d'être dans une évolution et dans un enseignement positifs.

L'ENTITÉ :

Toi et moi, c'est une relation karmique.

Nous nous retrouvons de vie en vie.

Que ce soit pour vivre des expériences négatives ou positives, nos deux âmes expérimentent ensemble.

Il y a un amour très fort entre nous deux.

Et sache que nous allons nous retrouver dans une prochaine vie.

Qu'importe les expériences que nous vivons, notre lien et notre amour sont puissants.

Cet amour ne s'arrête pas à la mort physique.

Cet amour est et perdure dans le temps.

C'est un amour que je ressens pour toi.

Aujourd'hui, je te laisse expérimenter.

Je suis auprès de toi mais je ne veux pas que tu restes focalisé·e sur mon absence.

Je suis là.

Silencieux·se mais uni·e par ce bel amour.

Je suis là.

Concentre-toi sur cette pensée et sur ce lien indestructible et continue ton expérimentation.

Continue de vivre, d'être et d'aimer.

Tout est beau pour toi.

REPROCHES

TON ÂME :

Tu peux être très critique envers toi-même.

Tu peux être très dur·e envers toi.

Tu peux dire des choses qui ne sont pas justes, les penser et les ressentir au plus profond de ta chair.

Tu leur donnes vie et tu crois qu'elles représentent qui tu es et ce que tu fais.

Ce n'est pas le cas et ce n'est pas juste.

Ces reproches ne sont pas fondés, car tu es un être imparfait et tu fais le maximum avec les moyens que tu as.

Tu t'es retrouvé·e très souvent démuni·e mais sache que cela est riche d'enseignements.

Je t'envoie de très nombreux signes pour que tu comprennes ta sagesse intérieure.

Même si tu as la sensation d'être dépouillé·e dans ta vie extérieure, tu as créé une très grande richesse intérieure.

Et elle est là, je la ressens, elle t'appartient et elle est présente dans chacune de tes cellules.

Aujourd'hui, tu as juste à lui faire confiance.

Tu as juste à la ressentir au fond de toi.

Tu as juste à te regarder dans un miroir et voir toute cette lumière qui constitue ton aura.

Ces critiques ne sont pas fondées, elles sont le reflet de tes craintes pour te faire confiance.

Tu es unique et merveilleux·se et, chaque jour, je t'envoie des signes pour te le rappeler.

TES GUIDES :

Les trois semaines qui arrivent vont être très importantes.

Il va y avoir beaucoup de synchronicités.

Le rythme va être très intense et tu vas être invité·e à te faire confiance et à oser.

Vu que tu vas être invité·e à faire beaucoup de choses, tu ne pourras pas te concentrer sur certaines choses comme tu le souhaiterais.

Ne t'en veux pas.

Sois indulgent·e envers toi.

Tu ne vas pas les bâcler, tu auras par la suite davantage de temps pour terminer tout ce que tu as commencé.

Dans les trois semaines qui arrivent, tu vas créer de nouvelles bases et tu vas faire un très grand virage.

C'est un tournant que tu attends depuis très longtemps.

Et tu as toute la force en toi.

Alors, connecte-toi à ta force intérieure, sois bienveillant·e et la seule exigence que l'on t'invite à avoir, c'est d'être simplement toi-même, confiant·e et sûr·e de toi.

Tu peux le faire.

Tu peux tout faire.

Tu te prépares pour ce changement depuis très longtemps et ça y est, tu es prêt·e.

L'ENTITÉ :

Je ressens tes reproches et je les comprends, j'en avais aussi beaucoup.

Que ce soit vis-à-vis de moi-même mais aussi des autres, j'étais très souvent dans les reproches.

Je pouvais avoir des difficultés à me remettre en question et je pouvais demander beaucoup aux autres.

Ce que je demandais, je ne l'appliquais pas forcément à moi-même.

Aujourd'hui, je m'en rends compte.

Je me rends compte que ce n'était pas juste pour moi ni pour les autres.

De tous ces reproches intérieurs et extérieurs, je tire un très grand enseignement.

Je comprends leur sens et je comprends ce que je n'acceptais pas en moi.

Ce que je pensais inacceptable était simplement ma partie sombre, et quand je la regarde maintenant, je n'en ai plus peur.

Je l'accueille, je l'accepte et je l'aime.

Pardon si cela a pu t'impacter de façon directe ou indirecte. Pardonne-toi aussi. Tu es parfait·e.

TON ÂME :

Respecte-toi.

Actuellement, il y a quelque chose que tu subis et qui n'est pas du tout en lien avec tes besoins et tes attentes.

Quelque chose qui dépasse tes limites et quelque chose qui a une influence négative sur l'estime de toi-même.

S'il te plaît, respecte-toi.

Ose dire « non ».

Ose écouter tes besoins et tes limites.

En ce moment, je me manifeste à toi par tes émotions.

Je te fais ressentir des émotions très fortes mais le but est de te faire réagir.

Je souhaite que tu dises « non » à toutes ces situations qui sont toxiques pour toi pour que tu puisses créer un nouvel espace disponible à la nouveauté et à l'inédit.

Je t'invite à quitter quelque chose qui ne te convient pas.

Alors, écoute tes émotions et écoute-moi.

Même si leurs ressentis sont au tout début négatifs, leur message est plus que positif.

Fais-moi et fais-leur confiance.

TES GUIDES :

En ce moment, on t'invite à te connecter à l'instant présent.

Tu peux être trop dans le passé ou trop dans la projection des événements à venir.

Cela crée des énergies de contrôle et cela te connecte à ton mental.

Sois juste ici, là et maintenant.

Plus tu vas vivre l'instant présent et plus tu vas avancer d'une façon positive dans tout ce qui est important pour toi.

En ce moment, tu peux avoir l'impression de ne pas avoir d'intuition ou de ne pas avoir de messages clairs avec tes outils spirituels comme tes oracles, etc.

Ce n'est pas un hasard.

Le but est que tu puisses être ici, là et maintenant.

Alors, respire, ouvre tes yeux et ton cœur magnifique.

Et vis l'instant, tout simplement.

Tu es dans cette énergie pour les cinq prochains mois.

Et cela va ensuite donner de très grandes révélations intérieures pour de très grandes transformations extérieures.

L'ENTITÉ :

Je me suis rendu compte que je ne comprenais pas forcément ce mot, « respect ».

Je me suis rendu compte que j'avais le poids du karma familial des générations précédentes et que je gardais en moi et que j'acceptais des situations et des relations qui ne me convenaient pas.

Je me suis aussi rendu compte que je pouvais moi-même répéter les mêmes schémas et, aujourd'hui, il y a beaucoup de choses que je considère comme des erreurs mais je me sens de plus en plus léger·ère concernant le poids de mon passé et de mon ancienne vie.

Aujourd'hui, je vois tes propres limites et je me rends compte qu'elles n'ont pas été et qu'elles ne sont pas respectées.

Je t'envoie de très nombreux signes pour que tu puisses t'en souvenir et pour que tu puisses t'y connecter.

Actuellement, je t'envoie de très nombreux signes concernant un endroit, un lieu précis.

Soit tu peux y penser de façon insistante, soit tu peux voir des signes le concernant.

Cet endroit est important pour toi et il est idéal pour que tu puisses te connecter d'une façon nouvelle avec tes énergies.

Fais-moi confiance et dirige-toi vers cet endroit.

Même juste pour quelques heures.

Cela va te permettre de comprendre beaucoup de choses et d'être dans une nouvelle relation respectueuse avec toi et avec les autres.

TON ÂME :

Nous nous sommes retrouvé·e·s.

Très longtemps, nous nous sommes perdu·e·s.

Tu pouvais avoir l'impression de lutter pour me parler.

Tu pouvais avoir l'impression que j'étais contre toi ou ne pas comprendre comment me trouver.

Mais tu m'as retrouvé·e.

Aujourd'hui, nous formons une très belle unité.

Tu es moi et je suis toi.

Et cela te permet de prendre du recul, cela te permet de lâcher prise et cela te permet de vivre les événements d'une façon différente.

Tu es dans une énergie d'ancrage et de centrage.

Tu es toi-même.

Alors, maintenant, expérimente tout simplement.

Sois juste toi.

Ne cherche pas à être parfait·e, car tu ne peux pas l'être.

Sois dans une énergie de bien-être, de calme intérieur et de joie.

Tout est là, tout est beau et tout est grand.

TES GUIDES :

Tu attends un signe fort et pourtant nous l'avons déjà envoyé.

Il y a de cela une année.

Il y a un an, un événement important s'est produit.

Cela a pu te perturber mais c'était très important pour toi.

C'était pour que tu puisses te rendre compte que quelque chose ne te convenait pas.

C'était pour que tu puisses voir ce que tu souhaites vraiment.

C'était pour t'aider à prendre conscience de tes besoins et de tes attentes.

Prends le temps de te rappeler ce qu'il s'est passé l'année dernière.

Prends le temps de visualiser cet événement de façon positive.

Prends le temps d'intégrer l'enseignement.

Aujourd'hui, tu es en train de te reconnecter avec toi-même et cela va te permettre d'avancer rapidement dans la joie et dans la bienveillance.

Alors, fais-toi confiance et fais confiance à ce qu'il s'est produit.

Même si le ressenti était négatif, rappelle-toi que l'enseignement est positif.

Et cela t'apporte une très grande sagesse.

L'ENTITÉ :

J'ai retrouvé des âmes chères à mon cœur.

J'ai retrouvé ma source.

J'ai retrouvé ma famille karmique.

Je suis dans une énergie d'amour inconditionnel.

Je suis dans la lumière et je ne suis qu'amour.

Nous sommes là pour toi.

Nous formons une équipe pour t'aider et pour te guider.

Et nous sommes là pour créer un égrégore positif autour de toi.

Tu as de très grandes choses à vivre et à accomplir.

Tu as un très grand bonheur à créer.

Et tu es capable de le faire.

La vie terrestre est un cadeau dont l'instant présent est la clef du bonheur et du bien-être.

Alors, connecte-toi à l'instant présent.

Vis pour toi.

Vibre avec ta beauté.

Nous sommes là pour te protéger.

Tout va bien.

TON ÂME :

Tu gardes beaucoup de choses en toi.

Tu portes le poids des secrets.

Soit ceux que tu as toi-même, soit ceux que tu ressens de la part des autres.

Ces secrets affectent ton chakra de la gorge et donc notre communication.

Ces secrets créent aussi une énergie de méfiance que ce soit pour communiquer avec toi ou avec les autres.

Il y a une partie de toi qui doute des autres, qui doute de leur sincérité et de leur honnêteté.

Il y a même une partie qui doute de toi.

Tu as l'impression que tu ne peux jamais être sûr·e et cela crée une carapace énergétique.

Sache que la vie extérieure n'est qu'impermanence.

Tu ne peux pas contrôler les autres et tu ne peux pas contrôler la vie.

Tu ne peux contrôler que ce que tu nourris en toi.

Alors, avec la méthode de ton choix, libère-toi de ce poids des secrets.

Libère-toi de cette méfiance et de ces doutes qui t'empêchent d'être toi-même.

Accepte l'imperfection de la vie et des autres.

Accepte tes failles et accepte ce que tu penses être des erreurs.

Tu es capable de cela.

TES GUIDES :

Tu peux avoir l'impression que tu as besoin de connaître un secret pour rentrer en contact avec nous.

Tu as besoin que cela soit limité à des personnes initiées qui ont une révélation secrète et que ces personnes ne le partagent pas.

Il n'y a pas de secret pour rentrer en contact avec nous.

Tu as juste besoin de faire le vide et de nous parler avec le cœur.

Si tu as besoin de rituels pour te rassurer ou pour te connecter avec nous, tu peux le faire.

Mais ce n'est pas indispensable.

Ce qui est important, c'est que tu te fasses confiance et que tu nous fasses confiance.

Nous sommes auprès de toi.

Nous sommes là pour toi.

Pour communiquer avec nous, nous t'invitons vraiment à te libérer d'anciennes croyances limitantes que tu peux avoir.

Nous t'invitons à créer ta propre spiritualité et ta propre façon de communiquer avec nous.

Nous t'invitons à prendre du recul par rapport à tes anciens rituels et à te concentrer sur ce qui fait écho et résonance à qui tu es et ce que tu veux.

L'ENTITÉ :

J'avais des secrets.

Des secrets qui ne me concernaient pas directement mais j'avais des secrets.

Des choses que j'ai gardées en moi pendant très longtemps.

Des choses que je n'ai pas forcément partagées avec toi.

Ne m'en veux pas, je ne pouvais pas.

Ces secrets étaient un poids et, aujourd'hui, j'en suis libéré·e.

Je sais que tu y penses parfois et je sais que tu te poses beaucoup de questions.

Ne crois pas que tu as besoin de tout savoir.

Ce qui est important, c'est ce que tu construis pour toi.

Mais, en revanche, ne fais pas comme moi.

Ne garde pas ces secrets pour toi.

Libère-toi.

Cela n'apporte pas une énergie positive que de tout garder pour soi.

Tu peux te libérer de ces secrets.

Je t'en apporte la force par ma présence à tes côtés.

Certaines choses ont besoin d'être libérées.

TON ÂME :

Tu n'écoutes pas ton corps physique.

Tu demandes à ton corps physique de te suivre et tu n'écoutes pas son propre rythme.

À ne pas l'écouter, tu ne m'écoutes pas non plus.

Ton corps physique peut essayer de s'exprimer par des tensions ou des ressentis désagréables.

Le but n'est pas de t'importuner.

Le but est que tu puisses l'écouter.

Prends le temps d'écouter ton corps.

Prends conscience des zones sensibles et comprends la signification des gênes que tu peux ressentir.

Cela va te permettre d'être dans une nouvelle connexion avec ton véhicule de vie.

Une partie de toi cherche à fuir quelque chose en te dispersant dans ta vie extérieure.

Mais ton corps est le siège de ton âme.

Alors, prends soin de toi.

Accorde-toi de la douceur.

Écoute-nous pour que nous puissions de nouveau former une équipe vaillante et solidaire.

TES GUIDES :

Tu es dans une énergie d'ancrage qui est très importante.

En ce moment, tu es en train de créer de nouvelles bases extérieures.

Cela te demande une très grande organisation.

Tu es invité·e à écouter ton corps pour créer un équilibre entre ton monde intérieur et ton monde extérieur.

Les deux mois qui arrivent vont être très importants pour que tu puisses créer de nouvelles bases.

Alors prends le temps de t'ancrer.

Tu peux le faire par la méditation en pleine conscience, par la marche méditative, des activités manuelles ou en étant dans l'instant présent.

Tu peux aussi écrire tout ce que tu souhaites réaliser et les étapes à suivre pour construire ce qui est important pour toi.

Les deux mois qui arrivent vont être riches de signes et d'événements importants.

Nous sommes à tes côtés et nous t'envoyons de nombreux signes sous différentes formes.

Ce sont surtout des signes extérieurs, car nous t'invitons à construire.

Alors, fais confiance à tout ce que tu vois et tout ce qui se déroule autour de toi.

Nous sommes bien là, auprès de toi.

L'ENTITÉ :

Mon âme s'était déconnectée de mon corps physique et la souffrance était là.

Aujourd'hui, je suis libéré·e et je ne la ressens plus.

Je suis dans l'amour inconditionnel et cela est juste magnifique.

Mais la douleur a longtemps été une fidèle compagne de route.

Je ne pensais pas que je pouvais créer une autre relation avec elle.

Alors, plus le temps passait, plus je la ressentais au plus profond de ma chair.

Aujourd'hui, je veux vraiment que tu saches que je me sens beaucoup mieux.

Et je souhaite que, toi aussi, tu sois dans une énergie nouvelle avec ton corps physique.

Je te manifeste souvent ma présence mais, dans les prochains jours, sois bien attentif·ve à ta main gauche.

Je vais me manifester de cette façon-là.

Que ce soit par une forme de chaleur, une caresse, des picotements.

Je suis là pour que tu puisses créer une nouvelle union avec toi-même.

Pour que la douleur ne soit plus ta conseillère et pour ne plus que tu avances par la force.

Je souhaite vraiment que la douceur soit ta plus grande alliée.

Tu es capable de le faire.

Je suis avec toi pour l'accomplir.

TON ÂME :

Une partie de toi se soumet à quelque chose qui ne te convient pas.

Et tu le sais très bien, car quand tu es seul·e, tu le verbalises.

Je t'entends dire « je n'en peux plus », « je ne veux pas », « c'est injuste ».

Et je te comprends, car je pense la même chose.

En ce moment, nous avons tous les deux un poids intérieur qui crée une très grande fatigue.

Cette fatigue peut être émotionnelle, physique, psychique et énergétique.

Plus tu te soumets à cette énergie, à cette émotion, à cette situation et à cette relation et plus tu as des difficultés à m'écouter et à me faire confiance.

Prends conscience que tes besoins ne sont pas entendus, prends conscience qu'une partie de toi se soumet à quelque chose qui n'est pas en lien avec tes besoins et tes attentes.

En étant dans cette énergie de libération, tu vas recréer un lien avec moi.

Tu vas être de nouveau à l'écoute de ton intuition et tu vas alors pouvoir créer un espace disponible aux changements et au renouveau.

Tu peux avoir l'impression que les signes sont absents et ton intuition faible, mais c'est cette soumission qui bloque tout.

Libère-toi et accorde-toi cet espace nouveau que tu mérites.

Tout va devenir plus clair.

TES GUIDES :

Une partie de tes énergies est bloquée dans le passé.

Une partie de tes énergies répète en boucle une situation, un événement ou une relation qui t'a marqué·e de façon négative et cela perturbe ton chakra du cœur.

Tu peux chercher les réponses à l'extérieur ou auprès des autres, pourtant tu l'as déjà reçu.

Tu as déjà reçu le signe, l'enseignement et l'apprentissage que tu cherches.

La réponse est dans ton passé.

Ce n'est pas une fatalité qu'une partie de tes énergies répète ce que tu as vécu.

C'est pour que tu puisses prendre conscience de ce qui est déjà présent en toi.

Tout est là, tu as juste à le regarder et à l'intégrer en conscience.

Alors, installe-toi dans un endroit calme, tu peux le faire, seul ou accompagné.

Et connecte-toi à ton passé, visualise-le avec confiance et avec lâcher-prise.

Tu vas alors découvrir un beau trésor à l'intérieur de toi et cela va t'aider à te connecter avec une nouvelle énergie de liberté et de légèreté.

Tu vas être toi-même et prêt·e pour vivre de nouvelles aventures.

L'ENTITÉ :

Je n'ai pas réussi à m'affirmer.

Je n'ai pas réussi à dire « non », « stop » ou « ce n'est pas ce que je souhaite ».

J'ai eu alors pendant très longtemps comme un goût amer.

Je pensais ne pas avoir la possibilité de stopper ces schémas relationnels et de fonctionnement dans lesquels j'étais.

Je pensais aussi que les autres savaient mieux que moi.

Alors, j'écoutais et je m'exécutais.

Ce n'était pas juste pour moi, mais je me suis pardonné·e.

Je ne souhaite plus reproduire ce même schéma et je t'invite à faire de même.

Les autres ne te connaissent pas, car tu ne te montres pas tel·le que tu es.

Les autres ne te comprennent pas, car tu ne parles pas de ton cadre de référence.

Je comprends tellement ce que tu ressens à l'instant.

Et, pourtant, ce goût de liberté est un si beau cadeau de la vie.

Alors, pour toi et pour moi, libère-toi.

Tes chaînes sont mentales.

Tu as toutes les possibilités pour t'en libérer et pour créer tout ce que tu souhaites à ton image.

Quand tu verras des fleurs, que ce soit par l'odeur, leur image, leur symbole, cela sera un signe de ma présence et de mon soutien pour que tu puisses persévérer.

Tu en es capable.

TON ÂME :

Tu peux avoir des difficultés à prendre du recul et à comprendre ton chemin de vie.

Tu as des difficultés à trouver ta place et tu as l'impression que tu ne te sens pas bien, qu'importe où tu te trouves.

Tu peux avoir des difficultés à être épanoui·e surtout dans ta vie professionnelle.

Tu doutes aussi de tes capacités et de tes compétences spirituelles.

Tu remets très souvent tout en question et tu as l'impression de toujours revenir au point de départ.

Cela peut t'apporter une très grande forme de lassitude.

Aujourd'hui, je t'invite vraiment à te connecter à ton chakra coronal et à prendre conscience de ta lignée karmique.

Le but n'est pas de chercher une case, mais bien de t'apporter des pistes de réflexion pour que tu puisses te découvrir d'une nouvelle façon.

Tous les signes sont devant toi mais tu ne les vois pas, car tu ne regardes pas forcément dans la bonne direction.

Lève les yeux et alors tout va te paraître beaucoup plus clair.

En prenant conscience de ta source, tu prends conscience de ton chemin de vie.

Tu vas te sentir bien, épanoui·e et tu vas créer ton cocon douillet.

L'inconnu et la nouveauté seront là mais tu vas te sentir en sécurité.

TES GUIDES :

Il y a une certaine forme de contradiction dans tes énergies.

Une partie de tes énergies est bloquée sur de fausses croyances et sur des pensées négatives.

Tu es davantage centré·e sur ce dont tu penses ne pas être capable plutôt que sur tes possibilités.

Le rythme des synchronicités est bloqué.

Tout est en attente.

Tu n'es pas invité·e à patienter, tu es vraiment invité·e à prendre conscience de cette contradiction.

Elle n'est pas négative, son alerte est positive.

Cette contradiction t'invite à prendre conscience que tu n'es pas totalement connecté·e aux énergies de confiance.

Et, surtout, tu es invité·e à te connecter à la loi d'attraction pour créer tout ce que tu visualises.

Parle de façon positive, au présent et surtout crois en toi.

Plus tu vas croire en toi, et plus tu vas créer tous les chemins des possibles.

Plus tu vas croire en toi et plus tu vas avancer d'une façon sereine.

Plus tu vas croire en toi et plus tu vas créer une nouvelle harmonie dans tes pensées.

L'ENTITÉ :

Tu peux avoir l'impression de ne pas ressentir ma présence.

Tu peux avoir l'impression que je ne suis pas là ou que tu n'as pas de « don ».

Rappelle-toi, les dons n'existent pas.

Notre relation a changé mais notre lien d'amour est toujours présent.

Ma vie m'a aidé·e à comprendre beaucoup de choses et toutes les énergies que j'ai ressenties m'ont aidé·e à être dans une très grande évolution intérieure.

Je n'ai pas besoin d'aide, je n'ai pas besoin de m'élever.

Je suis à ma source, je suis dans l'amour inconditionnel.

De là où je suis, j'ai décidé de te protéger.

Je suis l'un de tes anges protecteurs.

Je suis là tout le temps que tu as besoin de moi et je ne te demande rien en retour.

Tu le sais au fond de toi que c'est ma manière de te demander pardon et de te prouver mon amour.

Alors, je suis là et je te guide vers toi-même pour que tu puisses retrouver une nouvelle harmonie intérieure.

Je t'aide à relever la tête, car je veux que tu regardes le soleil et que tu arrêtes de trébucher sous la pluie.

Le mot « chute » peut arriver dans tes pensées quand tu penses à moi, quand tu penses à nous.

La chute n'est plus présente.

Nous sommes maintenant sur un chemin d'amour qui s'effectue sur deux plans différents.

TON ÂME :

Tu crois que tu ne sais pas.
Tu crois que tu ne vois pas.
Tu crois que tu n'es pas.
Tu crois que tu n'es pas capable.
Il n'en est rien.

Tu es un être extraordinaire, car tu es une âme spirituelle qui vit une expérience charnelle.

Tu as une grande beauté et une grande sagesse intérieures.

Reconnecte-toi à toi.

Prends quelques instants pour te regarder dans un miroir et aime ce que tu vois.

Aime ce que tu considères être des erreurs, aime ce que tu considères être des réussites, aime ce que tu considères être des mauvais chemins, aime ce que tu considères être des bons choix.

Aime ton imperfection.

Tu es parfait·e tel·le que tu es.

Regarde-toi et aime-toi.

TES GUIDES :

Tout est à l'intérieur de toi.

Tu crois avoir besoin de nous mais ce n'est pas le cas.

Tu as tous les messages dont tu as besoin.

Tu as toute la force intérieure dont tu as besoin.

Tu es capable de tout et tu es capable d'avancer comme tu le souhaites.

Alors, ne cherche pas une réponse ou un soutien extérieur.

Ne crois pas que nous savons mieux que toi.

Nous t'invitons à prendre quelques instants pour t'écouter et pour te faire confiance.

Tu es capable d'avancer comme tu le souhaites.

Tu es capable de créer ce qui est important pour toi.

Tout est juste.

Ne te laisse pas ralentir par le cadre de référence des autres.

Ne te laisse pas influencer par l'extérieur de façon négative.

Fais-toi confiance et ose.

C'est là.

En toi.

Et c'est beau et merveilleux.

L'ENTITÉ :

Tu crois que tu me parles mais ce n'est pas moi.

C'est avec ton âme que tu communiques.

En ce moment, tu as besoin de communiquer avec moi-même.

Tu attends trop de l'extérieur.

Tu manques de confiance en toi.

Ce n'est pas pour te punir que je ne communique pas avec toi.

C'est juste que, pour l'instant, tu n'en as pas besoin.

Alors, je reste dans le silence et je te laisse communiquer avec toi-même.

Tu as besoin de te retrouver.

Tu as besoin de te connaître de nouveau.

Tu as beaucoup évolué ces derniers temps mais tu ne t'en rends pas forcément compte alors tu cherches un appui et un soutien extérieurs.

Cependant, tu as beaucoup de réponses à l'intérieur de toi.

Alors, écoute-toi.

Et comprends les messages que tu entends comme une conversation intérieure.

Tu es en train de parler avec une personne merveilleuse et splendide : Toi.

Et c'est ce dont tu as besoin.

Quand le moment sera venu, nous allons pouvoir parler ensemble.

CARTES SPÉCIALES

Cette carte est là pour que tu puisses te connecter
à tes propres capacités de médiumnité.
Prends quelques instants pour la visualiser.
Tu peux utiliser la méditation associée.

Le message que tu es invité·e à recevoir est un message d'alerte que ce soit de la part de ton âme, de tes guides ou d'une entité.

Note bien tes ressentis.

Regarde la carte autant de temps que tu en ressens le besoin.

C'est un message que tu es invité·e à voir par toi-même au-delà de la description de la carte.

Fais-toi confiance.

Cette carte est là pour que tu puisses te connecter
à tes propres capacités de médiumnité.
Prends quelques instants pour la visualiser.
Tu peux utiliser la méditation associée.

Le message que tu es invité·e à recevoir est un message d'amour que ce soit de la part de ton âme, de tes guides ou d'une entité.

Note bien tes ressentis.

Regarde la carte autant de temps que tu en ressens le besoin.

C'est un message que tu es invité·e à voir par toi-même au-delà de la description de la carte.

Fais-toi confiance.

Cette carte est là pour que tu puisses te connecter
à tes propres capacités de médiumnité.
Prends quelques instants pour la visualiser.
Tu peux utiliser la méditation associée.

Le message que tu es invité·e à recevoir est un message d'apaisement que ce soit de la part de ton âme, de tes guides ou d'une entité.

Note bien tes ressentis.

Regarde la carte autant de temps que tu en ressens le besoin.

C'est un message que tu es invité·e à voir par toi-même au-delà de la description de la carte.

Fais-toi confiance.

Cette carte est là pour que tu puisses te connecter
à tes propres capacités de médiumnité.
Prends quelques instants pour la visualiser.
Tu peux utiliser la méditation associée.

Le message que tu es invité·e à recevoir est un message de conseil que ce soit de la part de ton âme, de tes guides ou d'une entité.

Note bien tes ressentis.

Regarde la carte autant de temps que tu en ressens le besoin.

C'est un message que tu es invité·e à voir par toi-même au-delà de la description de la carte.

Fais-toi confiance.

Cette carte est là pour que tu puisses te connecter
à tes propres capacités de médiumnité.
Prends quelques instants pour la visualiser.
Tu peux utiliser la méditation associée.

Le message que tu es invité·e à recevoir est un message karmique que ce soit de la part de ton âme, de tes guides ou d'une entité.

Note bien tes ressentis.

Regarde la carte autant de temps que tu en ressens le besoin.

C'est un message que tu es invité·e à voir par toi-même au-delà de la description de la carte.

Fais-toi confiance.

Cette carte est là pour que tu puisses te connecter à tes propres capacités de médiumnité.
Prends quelques instants pour la visualiser.
Tu peux utiliser la méditation associée.

Le message que tu es invité·e à recevoir est un message de libération que ce soit de la part de ton âme, de tes guides ou d'une entité.

Note bien tes ressentis.

Regarde la carte autant de temps que tu en ressens le besoin.

C'est un message que tu es invité·e à voir par toi-même au-delà de la description de la carte.

Fais-toi confiance.

Cette carte est là pour que tu puisses te connecter
à tes propres capacités de médiumnité.
Prends quelques instants pour la visualiser.
Tu peux utiliser la méditation associée.

Le message que tu es invité·e à recevoir est un message libre que ce soit de la part de ton âme, de tes guides ou d'une entité.

Note bien tes ressentis.

Regarde la carte autant de temps que tu en ressens le besoin.

C'est un message que tu es invité·e à voir par toi-même au-delà de la description de la carte.

Fais-toi confiance.

Cette carte est là pour que tu puisses te connecter à tes propres capacités de médiumnité. Prends quelques instants pour la visualiser. Tu peux utiliser la méditation associée.

Le message que tu es invité·e à recevoir est un message de pardon que ce soit de la part de ton âme, de tes guides ou d'une entité.

Note bien tes ressentis.

Regarde la carte autant de temps que tu en ressens le besoin.

C'est un message que tu es invité·e à voir par toi-même au-delà de la description de la carte.

Fais-toi confiance.

Cette carte est là pour que tu puisses te connecter à tes propres capacités de médiumnité.

Prends quelques instants pour la visualiser.

Tu peux utiliser la méditation associée.

Le message que tu es invité·e à recevoir est un message spirituel que ce soit de la part de ton âme, de tes guides ou d'une entité.

Note bien tes ressentis.

Regarde la carte autant de temps que tu en ressens le besoin.

C'est un message que tu es invité·e à voir par toi-même au-delà de la description de la carte.

Fais-toi confiance.

Cette carte est là pour que tu puisses te connecter à tes propres capacités de médiumnité.

Prends quelques instants pour la visualiser.

Tu peux utiliser la méditation associée.

Le message que tu es invité·e à recevoir est un message à transmettre que ce soit de la part de ton âme, de tes guides ou d'une entité.

Note bien tes ressentis.

Regarde la carte autant de temps que tu en ressens le besoin.

C'est un message que tu es invité·e à voir par toi-même au-delà de la description de la carte.

Fais-toi confiance.

À propos de l'auteure

Isabelle Cerf est une véritable *Lightworker*, diplômée en psychologie, écrivaine et conférencière, elle met depuis plusieurs années ses capacités spirituelles au service des autres pour les aider à se connecter à eux-mêmes et à leur mission de vie.

Son objectif est de créer des outils leur permettant d'être le plus autonome possible dans leur démarche d'éveil spirituel. Elle est l'auteure des cartes oracle *Le Chakra du cœur*, *Mission de vie*, *Vies antérieures*, *Libération énergétique* et *La Puissance de la Lune*, parues chez le même éditeur, ainsi que du best-seller *Le Guide du Lightworker*

www.lesoraclesdisa.fr

@lesoraclesdisa

@les_oracles_disa

@isabelle_cerf

À propos de l'illustratrice

Daphna Sebbane est une illustratrice américaine qui vit à Austin, au Texas. Elle tire son inspiration de la culture californienne, de l'occulte et du mysticisme.

www.daphnasebbane.com
@daphnasebbane

Notes

Notes

Notes